法廷通訳ハンドブック実践編

【英語】
(改訂版)

最高裁判所事務総局

はじめに

　法廷通訳については，通訳の対象が法廷という極めて特殊な状況での会話であるために，通訳一般で必要とされる十分な語学力に加えて，法廷通訳に求められる特別の心構えや刑事手続の基本的な知識を身につける必要があります。そして，経験を積む中で，刑事手続への理解を深め，事実に争いがある否認事件等の複雑な手続や，控訴審などの通常の第一審と異なる手続の通訳もこなせるようなレベルにまで，能力を向上させていくことが期待されます。このようなレベルに達するには，法廷での特殊な用語，法律的な知識など法廷通訳に特有の事項をよく理解することが必要となります。

　本書は，そのための手助けになるように，平成元年度から順次刊行した法廷通訳ハンドブックの姉妹編として作成しました。

　本書では，できるだけ実践的な内容とすることを心がけ，第1編では刑事手続の流れに沿って，通訳人からよく質問される事項をQ＆Aの形でまとめ，第2編では，控訴審の手続をできるだけ平易に説明するとともに，第3編及び第4編では，法廷で使用されることの多いやりとりの具体例や，法律用語などの通訳例をできる限り網羅的に掲載することを心がけました。

　なお，本書の初版が刊行されてから10年以上が経過しており，その間，法改正や新法の制定が行われ，刑事裁判に関する様々な制度（公判前整理手続，即決裁判手続，裁判員の参加する刑事裁判手続，犯罪被害者等が刑事裁判に参加する制度等）が実施されています。

　そこで，今回，これらの法改正等を踏まえて，初版の内容を見直し，所要の改訂を行いました。

　本書が，初版と同様，広く刑事裁判の通訳に当たる方の一助となれば幸いです。

　　　平成23年3月

　　　　　　　　　　　　　　　　最高裁判所事務総局刑事局

目　次

第1編　刑事裁判手続における通訳人の留意事項 …………… 1
　第1章　一般的注意事項 ……………………………………… 1
　第2章　勾留質問手続 ………………………………………… 3
　第3章　起訴後第1回公判期日前まで …………………………… 4
　　第1節　起訴 …………………………………………………… 4
　　第2節　起訴状概要の翻訳文の送付 ……………………… 4
　　　1　趣旨 ……………………………………………………… 4
　　　2　実施の方法 …………………………………………… 4
　　第3節　法廷通訳の依頼 …………………………………… 5
　　第4節　公判前整理手続 …………………………………… 7
　　第5節　第1回公判期日の指定 …………………………… 9
　　第6節　裁判所と通訳人との連絡及び通訳人の事前準備 …… 10
　　第7節　弁護人の接見への同行 ……………………………… 12
　第4章　公判手続 ……………………………………………… 16
　　第1節　法廷通訳一般 ……………………………………… 16
　　第2節　開廷前の準備 ……………………………………… 19
　　第3節　公判廷での手続 …………………………………… 20
　　　1　通訳人の宣誓等 ……………………………………… 20
　　　2　被告人に対する宣誓手続等についての説明 ……… 20
　　　3　被告人の人定質問 …………………………………… 21
　　　4　起訴状朗読 …………………………………………… 21
　　　5　黙秘権の告知 ………………………………………… 22

6	事件に対する被告人の陳述	22
7	弁護人の意見	22
8	ワイヤレス通訳システムの利用	22
9	証拠調べ手続	24

(1) 冒頭陳述 …………………………………… 24
(2) 検察官からの証拠申請 …………………… 25
(3) 検察官の証拠申請に対する弁護人の意見 ……… 25
(4) 裁判所の証拠採否(証拠を採用するか却下
するか)の決定 …………………………… 25
(5) 採用された証拠の取調べ ………………… 25
　ア　証拠書類の内容の要旨の告知(又は朗読) …… 25
　イ　証拠物の展示 ………………………… 26
(6) 証人尋問 …………………………………… 26
　ア　証人の宣誓及び虚偽の証言に対する注意 …… 26
　イ　通訳の方法 …………………………… 26
　　(ｱ) 外国語を使用する証人の場合 ………… 26
　　(ｲ) 日本語を使用する証人の場合 ………… 27
　ウ　証人の不安や緊張等を緩和するための措置 …… 27
　　(ｱ) 付添い ………………………………… 27
　　(ｲ) 遮へい ………………………………… 27
　　(ｳ) ビデオリンク ………………………… 28

10	被告人質問	34
11	論告	34
12	弁護人による弁論	35

	13	被告人の最終陳述 …………………………………	36
	14	次回期日の指定 ……………………………………	36
	15	判決宣告の手続 ……………………………………	37
	16	上訴期間等の告知 …………………………………	38
	17	即決裁判手続 ………………………………………	38

第4節　裁判員裁判 ………………………………………… 39
第5節　被害者参加 ………………………………………… 41
第5章　その他の留意事項 …………………………………… 43

第2編　控訴審における刑事手続の概要 …………………… 45

第1章　控訴審とは ……………………………………… 45
　　1　上訴制度 ………………………………………… 45
　　2　控訴審の役割 …………………………………… 45

第2章　控訴の申立て等 ………………………………… 45
　　1　控訴の提起期間 ………………………………… 46
　　2　申立ての方式 …………………………………… 46
　　3　上訴の放棄 ……………………………………… 46
　　4　上訴の取下げ …………………………………… 46

第3章　控訴審の手続 …………………………………… 46
　第1節　控訴審の第1回公判期日までの手続 …………… 46
　　1　弁護人選任に関する手続 ……………………… 47
　　2　通訳人の選任に関する手続 …………………… 47
　　3　被告人の移送 …………………………………… 47
　　4　控訴趣意書の提出 ……………………………… 47
　　5　答弁書の提出 …………………………………… 48

  6 第1回公判期日の指定と被告人の召喚 ･････････････ 48
 第2節 控訴審における公判審理 ･･･････････････････････ 49
  1 概要 ･･ 49
  2 公判期日の手続の流れ ････････････････････････････ 49
  （1）通訳人の人定尋問と宣誓 ･････････････････････････ 49
  （2）被告人の人定質問 ･･･････････････････････････････ 49
  （3）控訴趣意書に基づく弁論 ･････････････････････････ 50
  （4）控訴趣意書に対する相手方の意見（答弁）･･･････ 51
  （5）事実の取調べ ･･･････････････････････････････････ 51
  （6）事実の取調べの結果に基づく弁論 ･･･････････････ 52
  （7）次回公判期日の指定・告知 ･･･････････････････････ 52
  3 判決宣告期日 ････････････････････････････････････ 52

第3編 法廷通訳参考例 ･････････････････････････････ 55
第1章 勾留質問手続 ･････････････････････････････････････ 56
 1 前置き ･･ 56
 2 黙秘権の告知 ････････････････････････････････････ 56
 3 弁護人選任権の告知 ･･････････････････････････････ 56
 4 勾留の要件の説明 ････････････････････････････････ 58
 5 勾留の期間の説明 ････････････････････････････････ 58
 6 被疑事実の告知 ･･････････････････････････････････ 58
 7 被疑事実に対する陳述 ････････････････････････････ 60
 8 勾留通知先 ･･････････････････････････････････････ 60
 9 領事機関への通報 ････････････････････････････････ 60
 10 読み聞け ･･････････････････････････････････････ 60

第2章　公判手続 ………………………………… 62
　1　開廷宣言 ………………………………… 62
　2　通訳人の宣誓 …………………………… 62
　3　人定質問 ………………………………… 62
　4　起訴状朗読 ……………………………… 62
　5　黙秘権の告知 …………………………… 62
　6　被告事件に対する陳述 ………………… 64
　7　弁護人の意見 …………………………… 64
　8　検察官の冒頭陳述 ……………………… 66
　9　弁護人の冒頭陳述 ……………………… 66
　10　公判前整理手続の結果顕出 …………… 66
　11　証拠調べ請求 …………………………… 66
　12　証拠（書証・証拠物）請求に対する意見 ………… 66
　13　書証の要旨の告知・証拠物の展示 …………… 68
　14　証人申請 ………………………………… 70
　15　証人申請に対する意見及び証人の採用 ………… 72
　16　証人の尋問手続 ………………………… 72
　（1）証人の宣誓 …………………………… 72
　（2）異議申立て及びその裁定 …………… 72
　（3）証人尋問の終了 ……………………… 74
　17　その他の手続 …………………………… 74
　（1）弁論の併合決定 ……………………… 74
　（2）訴因及び罰条等の変更 ……………… 74

- （3）被害者特定事項の秘匿決定後，被害者の呼称の定めがされた場合 ………………………… 74
- （4）被害者参加許可決定 ……………………………… 74
- （5）被害者等の被害に関する心情その他の被告事件に関する意見陳述 ……………………… 76
- （6）即決裁判手続 ……………………………………… 76
  - ア 被告事件に対する有罪の陳述 ………………… 76
  - イ 弁護人の意見 …………………………………… 76
  - ウ 即決裁判手続によって審判する旨の決定 …… 78
  - エ 証拠調べ請求等 ………………………………… 78
- 18 論告 ……………………………………………………… 78
- 19 被害者参加人の弁論としての意見陳述 …………… 80
- 20 弁護人の弁論 …………………………………………… 80
  - （1）出入国管理及び難民認定法違反（自白事件）の例 ……………………………………………… 82
  - （2）窃盗（否認事件）の例 ………………………… 82
- 21 被告人の最終陳述 ……………………………………… 84
- 22 公判期日の告知 ………………………………………… 84
  - （1）次回公判期日の告知 …………………………… 84
  - （2）判決言渡期日の告知 …………………………… 84
- 23 判決宣告 ………………………………………………… 84
- 24 執行猶予の説明 ………………………………………… 86
  - （1）身柄拘束中の被告人の執行猶予 ……………… 86
  - （2）既に不法残留になっている被告人の執行猶予 …… 86

25	未決勾留日数の説明	86
26	保護観察の説明	88
27	上訴権の告知	88

第3章 第一審における判決主文の例 …………………… 88
1 有罪の場合 ………………………………………… 88
　(1) 主刑 …………………………………………… 90
　　ア 基本型 ……………………………………… 90
　　イ 少年に不定期刑を言い渡す場合 ………… 90
　　ウ 併科の場合 ………………………………… 90
　　エ 主文が2つになる場合 …………………… 90
　(2) 未決勾留日数の算入 ………………………… 90
　　ア 基本型 ……………………………………… 90
　　イ 本刑が数個ある場合 ……………………… 90
　　ウ 本刑が罰金・科料の場合 ………………… 90
　　エ 刑期・金額の全部に算入する場合 ……… 90
　(3) 労役場留置 …………………………………… 92
　　ア 基本型 ……………………………………… 92
　　イ 端数の出る場合 …………………………… 92
　(4) 刑の執行猶予 ………………………………… 92
　(5) 保護観察 ……………………………………… 92
　(6) 補導処分 ……………………………………… 92
　(7) 没収 …………………………………………… 92
　　ア 基本型 ……………………………………… 92
　　イ 偽造・変造部分の没収 …………………… 92

　　　　ウ　裁判所が押収していない物の没収 ………… 92
　　　　エ　犯罪被害財産の没収 ……………………… 94
　　(8)　追徴 ……………………………………………… 94
　　　　ア　基本型 …………………………………… 94
　　　　イ　犯罪被害財産の価額の追徴 …………… 94
　　(9)　被害者還付 ……………………………………… 94
　　　　ア　基本型 …………………………………… 94
　　　　イ　被害者不明の場合 ……………………… 94
　　　　ウ　被害者が死亡した場合 ………………… 94
　　(10)　仮納付 ………………………………………… 94
　　(11)　訴訟費用の負担 ……………………………… 94
　　(12)　刑の執行の減軽又は免除 …………………… 96
　　(13)　刑の免除 ……………………………………… 96
　2　無罪・一部無罪の場合 …………………………… 96
　　(1)　無罪 …………………………………………… 96
　　(2)　一部無罪 ……………………………………… 96
　3　その他の場合 ……………………………………… 96
　　(1)　免訴 …………………………………………… 96
　　(2)　公訴棄却 ……………………………………… 96
　　(3)　管轄違い ……………………………………… 96
第4章　控訴審における判決主文の例 …………………… 98
　1　控訴棄却・破棄 …………………………………… 98
　　(1)　控訴棄却 ……………………………………… 98
　　(2)　破棄自判 ……………………………………… 98

（3）破棄差戻し ………………………………… 98
　（4）破棄移送 …………………………………… 98
　2　未決勾留日数の算入 ……………………………… 98
　3　訴訟費用の負担 …………………………………… 98
第5章　第一審における判決理由 …………………………100
　1　罪となるべき事実 …………………………………100
　（1）不正作出支払用カード電磁的記録供用罪及び
　　　窃盗罪の例 ……………………………………100
　（2）覚せい剤取締法違反罪の例 ………………100
　（3）大麻取締法違反罪の例 ……………………100
　（4）麻薬及び向精神薬取締法違反罪の例 ……102
　（5）売春防止法違反罪の例 ……………………102
　（6）強盗致死罪の例 ……………………………102
　（7）自動車運転過失傷害罪の例 ………………104
　（8）傷害罪の例 …………………………………106
　（9）詐欺罪の例 …………………………………106
　（10）殺人罪の例（確定的故意の場合） ………108
　（11）殺人罪の例（未必的故意の場合） ………108
　（12）銃砲刀剣類所持等取締法違反罪の例 ……110
　（13）出入国管理及び難民認定法違反罪の例 …110
　（14）窃盗罪（万引）の例 ………………………110
　（15）窃盗罪（すり）の例 ………………………112
　（16）教唆の例（窃盗） …………………………112
　（17）幇助の例（窃盗） …………………………112

2　証拠の標目 ……………………………………112
　　3　累犯前科 ……………………………………114
　　4　確定判決 ……………………………………116
　　5　法令の適用 …………………………………116
　　6　量刑の理由 …………………………………116
　　　　出入国管理及び難民認定法違反の例 ………116
　第6章　控訴審における判決理由 …………………118
　　1　理由の冒頭部分 ……………………………118
　　2　理由の本論部分 ……………………………118
　　（1）控訴棄却 …………………………………118
　　（2）破棄自判 …………………………………120
　　3　法令の適用部分 ……………………………122
　　（1）控訴棄却 …………………………………122
　　（2）破棄自判 …………………………………122
　　（3）破棄差戻し ………………………………124

第4編　法律用語等の対訳 ……………………………127
　第1章　法律用語の対訳 ……………………………127
　第2章　法令名 ………………………………………166
　第3章　罪名 …………………………………………174

資料 ………………………………………………………185
証拠等関係カードの略語表 ……………………………185
第一審手続概要 …………………………………………187
控訴審手続概要 …………………………………………189

第1編

刑事裁判手続における通訳人の留意事項

第1編　刑事裁判手続における通訳人の留意事項

　ここでは，通訳を必要とする刑事裁判での手続に即して，しばしば問題となる事項又は通訳人が留意すべき事項について説明します。法廷等で使用される用語の訳語については，５５ページの「法廷通訳参考例」又は１２７ページの「法律用語等の対訳」を参照してください。

第1章　一般的注意事項

①Q　法廷通訳は，一般の通訳と比べてどのような特徴がありますか。

A　法廷でのやりとりのうち，証人尋問や被告人質問は，その結果得られた証言や供述が，裁判の証拠として，犯罪事実の認定や刑の量定の基礎になる特に重要なものですから，すべての発言を逐語訳で行う必要があるという特徴があります。例えば，証人が証言内容を発言直後に訂正した場合には，訂正後の内容だけでなく訂正前の内容についてもそのまま通訳してください。

　法廷での裁判官と検察官，弁護人とのやりとりについては，裁判長が必要な事項を要約することが多いと思われます。通訳すべき範囲を自分で判断するのではなく，裁判長の指示に従って通訳を行ってください。

②Q　通訳人として守らなければならないことは何ですか。

A　良心に従って誠実に通訳をしてください。通訳をするに当たって，そのことを宣誓していただくことになります。また，裁判は，偏りのない公正な手続で行う必要がありますから，通訳人も，通訳するに当たっては，立場上中立公正さを疑われるような行動をとってはいけません。もしも，被告人や証人と知り合いであるなどの事情がある場合には，直ちに裁判所に申し出てください。

　また，被告人又はその関係者に対しては，自分の氏名，住所，電話番号を教えないようにし，個人的に接触する機会を与えないでください。一緒に飲食をしたり，贈物を受け取るなどの行為は絶対にしないでください。

　さらに，裁判の過程で知った事件に関する事項については，絶対に他に漏らさないでください。裁判所や検察官，弁護人から事前に送付を受けた書面については，その保管に注意するとともに，他人の目に触れることのないよう注意してください。

③Q　証人や被告人の発言を逐語訳したり，法廷でのやりとりを記憶しておくのは，大変なことだと思いますが，法廷に立ち会う際，どのような準備，工夫をすればよいですか。

A　法廷に立ち会う際には，自分の記憶だけに頼るのではなく，メモを取っておくことが不可欠です。メモを

> 取る際には，自分の理解しやすい記号や略語を用いたり，訴訟関係人の発言の順序などについて図式化して記録するなど，適宜工夫をするとよいでしょう。
> また，日ごろから，メモ取りをはじめとする様々なトレーニングを行い，通訳スキルの更なる向上を心がけておくことも重要です。

第2章　勾留質問手続

　逮捕された被疑者を引き続き留置しようとする場合，検察官は裁判官に対して勾留請求を行います。裁判官は資料を検討し，被疑事実に関する被疑者の言い分を聞いた上で，勾留するかどうか決めることになります。この言い分を聞く手続が勾留質問です。勾留質問は，裁判所の勾留質問室で行われます。被疑者が日本語を理解できない場合には，通訳人を介してこの手続を行うことになります。

> Q　通訳人の人定尋問の際，被疑者に通訳人の氏名や住所を知られることはありませんか。被疑者に氏名住所等を知られたくない場合には，どうしたらよいですか。
> A　裁判所では，通訳人の氏名，住所などの個人情報について，慎重に取り扱うよう配慮しています。
> 　勾留質問手続においては，裁判官は，通訳人の人定尋問の際，あらかじめ人定事項を記載した書面をもとに「このとおりですね。」などと確認する形で人定尋問を行うのが一般的です。

念のため事前に裁判所書記官(以下「書記官」といいます。)に対してそのような希望を申し出てください。

第3章 起訴後第1回公判期日前まで
第1節 起訴

刑事裁判は、検察官が裁判所に対して裁判を求めることによって開始されます。これを起訴又は公訴の提起といい、具体的には、検察官が、起訴状を裁判所に提出して行います。起訴状には、被告人の氏名、生年月日、住居など被告人を特定する事項、公訴事実、罪名及び罰条が記載されています。

起訴があると、それまで被疑者に対する被疑事件であったものが被告人に対する被告事件となって、裁判所で審理される状態になります。

第2節 起訴状概要の翻訳文の送付
1 趣旨

裁判所では、起訴があった場合、起訴状の概要を被告人の理解できる言語に翻訳した上、第1回公判期日前のできるだけ早い時期にその翻訳文を被告人に送付するという取扱いを行っています。これは、日本語を理解しない被告人に早期に起訴状の内容を理解させて、被告人の防御権を実質的に保障するとともに、公判審理の充実を図ろうとするものです。

2 実施の方法

起訴状概要の翻訳文を送付する運用を円滑に実施するため、典型的な公訴事実の要旨を翻訳した文例集が作成され、それ

ぞれの地方裁判所に用意されています。

　裁判所は，翻訳文を送付する際には，通訳人予定者等に，日本語で作成した起訴状記載の公訴事実の要旨，罪名及び罰条について翻訳を依頼し，翻訳文を作成してもらっています。その際，先に述べた翻訳文例の翻訳例を参考にしていただくとよいと思います。出来上がった翻訳文は，裁判所から被告人に送付しています。

　1に記載した趣旨から，翻訳文の作成を依頼された場合には，速やかに翻訳文を作成して提出してください。

　なお，この翻訳料は，通訳人に対する通訳料とは別に，翻訳内容に応じて支給されます。

Q　裁判所から翻訳の依頼があった場合に留意する事項は何ですか。

A　書記官から，翻訳言語，提出期限などを示してお願いしますので，特に提出期限に留意してください。また，担当の書記官の氏名を聞いておくと，疑問点が生じた場合に照会するのに便利です。

第3節　法廷通訳の依頼

　要通訳事件では，適格な通訳人を選任することが極めて重要ですが，適格な通訳人であるためには，十分な語学力を有するとともに，中立公正であることが必要です。

　この点，捜査段階で付された通訳人を法廷における通訳人として選任することについては，裁判の公正に対する無

用の疑念を生じさせたり，捜査段階の通訳人の面前では，取調べ時に供述したことに心理的に影響されて，被告人が公判廷で自由に言い分を言えないおそれも考えられることから，法廷通訳には，できる限り捜査段階の通訳人と別の通訳人を選任することが望ましいと考えています。実際にも特段の事情のある場合を除き，別の通訳人を選任する運用がされています。

①Q　裁判所から通訳の依頼があった場合に確認しておく事項は何ですか。

　A　①裁判所名，②担当裁判部と書記官の氏名，③内線番号，④通訳言語，⑤事件名，⑥被告人の氏名，⑦公判期日，⑧公判の予定所要時間，⑨弁護人が決まっていればその氏名と連絡先，⑩弁護人の国選，私選の別，⑪公判前整理手続や，即決裁判手続による審理が予定されているか，⑫裁判員の参加する裁判（以下「裁判員裁判」といいます。）であるかどうかなどを確認しておくとよいと思います。また，被告人が複数になると公判時間が長くなるとともに別々の日時に接見に同行することになるため，時間を要することに留意してください。

②Q　捜査段階で通訳した事件について法廷通訳を依頼された場合にはどうしたらよいですか。また，捜査段階で共犯者の通訳を行っている場合はどうですか。

A　裁判所は，捜査段階でどのような通訳人が付いたのかを知らないのが通常です。したがって，まずその旨を書記官に伝えてください。そのような場合には基本的には他の通訳人に依頼することになりますが，他に適格な通訳人の確保が困難な場合には通訳を再度依頼することもあります。その場合には御協力をお願いします。なお，共犯者の通訳の場合も基本的には同様です。

第4節　公判前整理手続

　公判前整理手続とは，充実した公判審理を集中的・連日的に行うことを目的として，裁判所が，検察官及び弁護人の出席のもとで行う非公開の手続をいいます（事案によっては，検察官及び弁護人が出席せず，書面のやりとりによって行うこともあります。）。

　公判前整理手続は，裁判員対象事件では必ず実施されますし，それ以外の事件では，裁判所が，充実した審理を集中的・連日的に行うために必要であると認めた場合に実施されます。そこでは，①事件の争点は何なのか，②公判において，どの証拠を，どういった順序で取り調べるのか，③公判期日をいつ行い，その期日での具体的な進行はどうするのかなどといったことが決められます。

　公判前整理手続においては，被告人は，裁判所が特に出頭を求めない限り，その期日に出頭する義務はありません。したがって，被告人が期日への出頭を希望せず，裁判所で

も特に出頭を求めない場合には，被告人不出頭のままで行われます。

①Q　公判前整理手続で通訳を行うことはありますか。
　A　公判前整理手続期日に日本語を理解しない被告人が出頭する場合には，そこで行われた手続について通訳を行うことになります。なお，被告人が出頭しない公判前整理手続期日について通訳を依頼することはありませんが，期日直前になって被告人が出頭することになった場合には，急に通訳を依頼することもありますので，その場合には御協力をお願いします。

②Q　公判前整理手続では，公判審理に比べて，通訳はかなり困難なものになるのではないですか。
　A　従前の公判審理に比べて，難しい手続が行われるわけではありませんが，事案によっては，裁判所と当事者との間で，専門的な法律用語を用いた細かいやりとりがされることもあります。そのような場合，通訳のやり方について，あらかじめ裁判所と相談しておくとよいでしょう。

③Q　公判前整理手続が実施された事件の審理について，通常の事件と異なる点はありますか。
　A　公判前整理手続が実施された事件では，その後の公判期日において，検察官の冒頭陳述の終了後，弁護人

の冒頭陳述(弁護側の主張があるとき)及び公判前整理手続の結果を明らかにする手続(66ページの参考例参照)が行われます。

また,証拠申請やこれに対する意見の聴取,証拠を取り調べるかどうかなどに関する裁判所の決定は,通常,公判前整理手続で既に行われているため,冒頭陳述や結果顕出の手続が終了した後は,引き続き証拠の取調べが行われます。

第5節 第1回公判期日の指定

裁判所が公判の期日を指定する際には,あらかじめ通訳人との間で日程の調整を行った上で期日の指定を行っています。

また,弁護人は,第1回公判期日前(公判前整理手続期日が開かれる場合には,その第1回期日前)に被告人と接見し,日本の刑事裁判手続や起訴状の内容等を説明するとともに,事件について打合せをする必要がありますので,裁判所は,それらに要する日数にも配慮して期日を指定しています。

Q 期日の打合せをする上で留意すべき事項は何ですか。
A 公判後に予定を入れている場合等で時間に制約があるときには,「何時から次の予定が入っていますから,何時までしかできません。」というふうに,具体的に書記官に伝えてください。また,その期日については通訳を

> することが可能な場合でも，その期日の直後から旅行に出かけるとか，他の仕事の関係などでしばらく法廷通訳を引き受けられない場合には，「いつからいつまでは引き受けられません。」ということを，事件の依頼があった際にはっきり伝えてください。

第6節　裁判所と通訳人との連絡及び通訳人の事前準備

　通訳人として選任されることが決まった場合には，書記官から，第1回公判期日の通知（公判前整理手続期日に被告人が出頭する場合には，その期日の通知）がされるとともに，当該期日に在廷してほしいという依頼があります。また，法廷通訳の準備のために，起訴状写しを郵便等で送付します（公判前整理手続の場合には，当事者から提出された書面が送付される場合もあります。）。裁判所によっては，起訴状写しなどとともに，裁判部（裁判官名），書記官名，裁判部の電話番号，被告人の勾留場所，裁判所の近辺の地図等の必要事項を記載した事務連絡文書を送付することもあります。

　なお，第1回公判期日前には，通訳人の準備のために検察官が作成した冒頭陳述書又は冒頭陳述メモ，書証の朗読（要旨の告知）のためのメモ（結審予定の場合には，さらに検察官作成の論告要旨，弁護人作成の弁論要旨）が交付されるのが一般的です。

①Q　法廷通訳の経験のない通訳人の場合，事前の準備と

してどのようなことが考えられますか。

A　事前に他の事件の法廷傍聴をしておくこと，法廷通訳ハンドブックを読むなどして勉強しておくこと，刑事裁判手続を分かりやすく説明した外国人事件用ビデオを裁判所で見せてもらうこと，裁判官又は書記官から手続の説明を受ける機会があればそれも活用することなどにより，刑事裁判手続の流れや法律用語などについて勉強しておくのがよいでしょう。また，冒頭陳述書等をできるだけ早く入手できるように，書記官から検察官や弁護人に伝えてもらうとよいでしょう。さらに，法廷に立ち会う際には，メモ取りの準備をしておくことが不可欠ですし，日ごろから通訳スキルを磨くための様々なトレーニングをしておくことも重要です（第１編第１章③Ｑ＆Ａ（２ページ）参照）。

②Ｑ　通訳の準備のために，検察庁に事件の記録を見に行くことはできますか。

A　公判前の段階では，事件に関する書類は非公開とされていますから，一般的には見ることはできません。

③Ｑ　どのような書面が事前に通訳人に交付されていますか。

A　事件によって異なりますが，一般的には，冒頭陳述書又は冒頭陳述メモ，書証の朗読（要旨の告知）のためのメモ，論告要旨，弁論要旨が交付されています。

なお,このように通訳人には準備のため訴訟に関する書面が交付されますが,これらの書面は一切他に見せてはいけません。

④Q　事前に交付された書面によく分からない点がある場合にはどうしたらよいですか。
　A　書面を作成した検察官,弁護人に確認することが望ましいと思われます。一般的な法律用語の意味の確認程度であれば,とりあえず書記官に確認するということでもよいでしょう。
　　なお,法廷で提出される前の段階では,このような書面は,裁判所の手元にはないことを承知しておいてください。

第7節　弁護人の接見への同行

　外国人被告人の場合,日本の裁判制度に対する知識がほとんどないことが原因で不安に陥ることが少なくありません。弁護人はその職務として,起訴後できるだけ早い時期に被告人と接見し,起訴状の内容を説明して言い分を聴くとともに,日本の裁判制度等についても十分に説明することが求められています。

　そこで,国選弁護事件においては,裁判所では弁護人に対して,あらかじめ通訳人予定者の氏名,電話番号等を通知し,弁護人が希望すれば通訳人予定者を接見に同行できるように配慮することにしています。

また，一定の事件については，起訴される前の段階で，被疑者の請求により国選弁護人が選任されることがあります。この場合には，国選弁護人や国選弁護人の候補者の指名等に関する業務を行う日本司法支援センター（法テラス）から，接見への同行を依頼されることがあります。

　したがって，裁判所や国選弁護人等からそのような依頼があれば，御協力をお願いします。

　なお，国選弁護事件において，弁護人の接見に通訳人が同行した場合には，弁護人から報酬や費用の支払を受けることができます。

---

①Q　弁護人の接見に同席した場合に留意すべき事項は何ですか。

　A　被告人から尋ねられても，絶対に自己の氏名や連絡先を教えてはいけません。被告人から理由を尋ねられた場合には，「教えてはいけないことになっています。」と答えてください。

　　また，弁護人にも通訳人の氏名等を被告人に対して紹介することのないよう話をしておくとよいでしょう。

　　さらに，接見の際に，被告人の話し方の癖等を把握しておくと，法廷通訳をする際に役立ちます。

---

②Q　接見の通訳をした際に，アクセントが強かったり，方言が交じっていたりして被告人の話す言葉が分かりづらかったり，逆に被告人が通訳人の通訳内容を理解

していないと思われた場合には、どうしたらよいですか。

A　弁護人にその旨を告げるとともに、書記官にもそのことを伝えてください。コミュニケーションがどの程度取れているのか、取りにくい原因は何かなどを考慮して、裁判官が、被告人にゆっくりあるいは繰り返し話すように促すことでまかなえるかどうか、又は通訳人の交替をしてもらうかなどの措置を検討することになります。

③Q　被告人が他の言語の通訳を希望している場合にはどうしたらよいですか。

A　被告人の希望を書記官に伝えてください。同時に、そのままの言語でも意思疎通が可能である場合にはそのことを伝えるとともに、その程度などについても伝えてください。

④Q　被告人から、裁判の見通しについて尋ねられた場合にはどうすればよいですか。

A　「通訳人はそのような質問に答えてはいけないことになっています。弁護人に相談してください。」と答えるべきです。勝手に見通しを告げることはしないでください。

⑤Q　被告人から、家族に手紙を渡してほしいとか、差し

入れをするように家族に頼んでほしいというようなことを頼まれた場合にはどうしたらよいですか。

A 「通訳人はそのようなことをしてはいけないことになっています。弁護人に相談してください。」と答えるべきです。

⑥Q 弁護人から，被告人に差し入れをするよう被告人の家族に頼んでほしいと依頼された場合にはどうしたらよいでしょうか。

A 自分で依頼の適否について判断するのではなく，「裁判所に確認を取ってからでないとできませんので，裁判所に依頼の趣旨を伝え，確認を取ってください。」と言ってください。

⑦Q 被疑者段階での接見に同行した場合と，起訴後の接見に同行した場合とで，留意すべき点に違いはありますか。

A 基本的には，どちらの接見においても留意点に違いはありません。

ただし，被疑者段階では，事件はまだ裁判所において審理すべき状態にあるわけではないので，裁判官や書記官から具体的な指示を受けることはできません。

疑問点が生じた場合には，適宜弁護人に相談して，その指示を受けてください。

⑧Q 接見に同行した後に留意すべき事項がありますか。

> A 被疑者や被告人には，接見交通権といって，立会人なくして弁護人と接見する権利が認められています。
> 　そして，通訳人は特別に接見に同行することを許されているのですから，接見の際に交わされた被疑者又は被告人と弁護人とのやりとりを外部に漏らすようなことは，絶対に慎んでください。
> 　このことは，裁判官や書記官に対してであっても同じです。

第4章　公判手続
第1節　法廷通訳一般

> ①Q　通訳をする際には，直接話法（・・・です。）の形で通訳をすべきでしょうか，間接話法（・・・だそうです。）の形で通訳をすべきでしょうか。
> A　話者が話した内容で通訳すべきですから，直接話法の形で通訳してください。

> ②Q　被告人等が発言しない場合には，通訳人から発言するように促すべきでしょうか。
> A　通訳人は法廷で自ら発言することは原則的にないと心得ておいてください。特に被告人には，黙秘権がありますから，勝手に発言を促すようなことをしてはいけません。

③Q　連続して行う通訳時間について希望がある場合にはどうしたらよいですか。また，通訳中に休憩を取りたい場合にはどうしたらよいですか。

　A　通訳人の方からは，1時間半から2時間くらいで休憩を入れてほしいという意見が多いようです。経験が少ない通訳人の場合には，もっと短い時間で休憩が必要になることも考えられます。要望があれば，事前に書記官に伝えておいてください。また，疲労が激しい場合などには，開廷中であっても書記官にそのことを告げて裁判官に伝えてもらうとよいでしょう。

④Q　被告人から不信感を持たれているなどの問題があると感じた場合には，どうしたらよいですか。

　A　信頼関係に問題があると感じる場合には，書記官にそのことを伝えてください。不信感の背景には，例えば被告人が日本の裁判制度を誤解していることが原因になっていることもあります。その場合には，裁判官や弁護人から被告人に対し，日本の裁判制度について説明することになります。

⑤Q　法制度，習慣，文化の異なる被告人の通訳を行うに当たって，配慮すべき事項がありますか。

　A　法制度や歴史的背景の違い等から，被告人が通訳人に対し敵対心を持つことや，逆に被告人の言おう

とする本当の意味が分からないことがあると思われます。したがって，法廷通訳を行うに当たっては，語学的な面だけでなく，その国の文化や法制度等を理解するよう日ごろから努めてください。

⑥ Q 被告人の陳述について，配慮すべきことがありますか。特に罪状認否についてはどうですか。

A 裁判所も留意していますが，被告人によっては，陳述の際，一度にたくさん話し出すことがありますので，法廷に入ったらすぐにメモの準備をしておくことなどが必要です。

特に罪状認否は重要な手続ですので，慎重に通訳をする必要があります。被告人がうなずいた場合にも安易に「はい。」と通訳をするようなことは避けてください。

⑦ Q 被告人が，弁護人の接見の際と異なることを述べた場合にはどうすればよいですか。

A 証拠となるのは，公判廷での発言ですから，接見の際の内容にかかわらず忠実に通訳すべきです。この場合には，接見の際の被告人の発言に影響されるようなことがあってはいけません。

⑧ Q 書面を事前に交付された場合には，どのようなことに留意したらよいですか。

A　分からない法律用語，読めない地名，人名等がある場合には早めに尋ねておく必要があります。書証の要旨の告知のために証拠等関係カードが交付されている場合には，略語表（185ページ参照）で書証の表題を確認しておくとよいでしょう。

　　　ただ，事件の進行によっては，事前に交付された書面の内容が変更されることがありますので，柔軟に対応する必要があります。

第2節　開廷前の準備

　開廷前には，裁判官又は書記官と通訳人との間で，その期日に予定された手続を確認するとともに，必要な書類や送付した書類等が手元に届いているかどうか確認することもあります。この際に書類の中に分からない用語がある場合には，説明を求めるとよいでしょう。

　なお，通訳人には守秘義務がありますから，これらの書類の取扱いには細心の注意を払ってください。

①Q　開廷前に準備しておく必要のあるものは何ですか。
　　A　早めに書記官室へ行って（直接法廷に行くように言われる場合もあります。），宣誓書の署名，出頭カードの記載，報酬関係の書類への記載をする必要があります。印鑑を持っている方は，このときに使いますので，印鑑を持参してください。

> ② Q　開廷前の時間はどのように過ごすとよいでしょうか。
> 　A　早めに法廷に行って，自分の座る位置を確認し，メモや起訴状等の書面を通訳する順序に重ねておくなどの準備をしておくと落ち着いて通訳できるでしょう。
> 　なお，開廷前に勝手に被告人や被告人の関係者と話をしないようにしてください。

第3節　公判廷での手続

1　通訳人の宣誓等

まず，裁判官が，通訳人が本人であるか否かを確認する手続（人定尋問）を行います。

続いて，宣誓していただきます。宣誓書を手に持って，声を出して読んでください。宣誓する場所については，裁判官の指示に従ってください。

> Q　通訳人の宣誓の際に氏名住所等を言いたくない場合にはどうすればよいですか。
> A　勾留質問の際と同様，あらかじめ人定事項を記載した書面をもとに，裁判官が「このカードに記載されているとおりですね。」と尋ねるのが一般的です。
> 　念のため，事前に書記官にその旨を伝えておいてください。

2　被告人に対する宣誓手続等についての説明

裁判官の指示に従って，被告人に対し，自分がこの裁判に

おいて裁判所から通訳を命じられたこと，そして誠実に通訳することを宣誓した旨を告げてください。

なお，これ以降は，着席のまま通訳していただいて差し支えありません。

3　被告人の人定質問

裁判官は，被告人に対して，証言台の前に進み出るよう命じ，氏名，生年月日，国籍，日本における住居及び職業を尋ねます。

4　起訴状朗読

検察官が起訴状記載の公訴事実，罪名及び罰条を朗読します。

なお，性犯罪等の事件については，起訴状に記載されている被害者の氏名や住所などの被害者を特定させる事項を法廷において明らかにしない旨の決定（以下「被害者特定事項の秘匿決定」といいます。）がされることがあります。この場合には，起訴状に記載されている被害者の氏名や住所等は明らかにされず，「被害者に対し」であるとか，「○○市内の被害者方において」などと朗読されます。

①Q　起訴状につき，外国語に的確な訳語がない場合はどのようにすればよいですか。
　A　起訴状朗読では，起訴状に記載されている内容を忠実に通訳する必要がありますが，中にはぴったりと当てはまる訳語がない場合もあります。そのような場合には，説明を付加して訳さざるを得ないことになります。用語

> の意味内容について不安がある場合には，事前に書記官に相談してください。

> ②Q　被害者特定事項の秘匿決定がされた場合には，検察官が朗読したとおりに通訳すべきですか。それとも，起訴状に記載されている内容のとおり通訳すべきですか。
> A　必ず検察官が朗読したとおりに通訳してください。被告人には，起訴状朗読後に起訴状及び起訴状概要の翻訳文が示されますので，朗読されなかった部分を通訳する必要はありません。

5　黙秘権の告知

裁判官が被告人に対し，黙秘権を告知します。

6　事件に対する被告人の陳述

裁判官が被告人に対し，公訴事実についての認否を尋ねます。

7　弁護人の意見

裁判官が，公訴事実について，弁護人に意見を求めます。これが終わると，被告人は，裁判官の指示で着席します。

8　ワイヤレス通訳システムの利用

ワイヤレス通訳システムとは，送信機を装着した通訳人が小声で通訳を行い，それを受信機のイヤホンを通じて被告人に伝える装置です。公判廷における日本語での発言のうち，事前に通訳人に書面が交付された手続部分について，日本語での発言に並行して，あらかじめ準備した通訳内容を伝える

形で同時進行的な通訳ができるようにするものです。したがって,このシステムはいわゆる同時通訳とは異なるものです。

これにより,手続を中断することなく,被告人に通訳内容を伝えることができることになるため,審理時間の短縮,ひいては通訳人の負担の軽減を図ることができるとともに,短縮された時間を証人尋問や被告人質問に充てて審理の充実を図ることができます。

このシステムは,法廷では次のように運用されています。
(1) 通訳人が送信機を,被告人が受信機を,それぞれ使用する。
(2) 冒頭陳述,書証の要旨の告知,論告,弁論などのように,検察官又は弁護人があらかじめ準備し,通訳人に交付してあった書面を法廷においてそのまま朗読する手続に使用し,起訴状朗読,証人尋問,被告人質問及び判決宣告には使用しない。

---

①Q ワイヤレス通訳システムを利用する場合に,通訳人として留意すべき事項は何ですか。

A まず,事前に交付された書面の内容を通訳できるように十分に準備をしておく必要があります。

また,被告人がワイヤレス通訳システムの使用を拒んでいるときは,その旨裁判所に伝えてください。

当該機器はささやくような声で話をしても被告人に聞こえるようになっています。できる限り声を落として通訳してください。

②Q ワイヤレス通訳システムを使用する際には，検察官や弁護人が書面を読む速度に合わせて該当部分を通訳すべきですか。

A 書面の内容を通訳するわけですから，検察官や弁護人が書面を読む速度に合わせる必要はありません。むしろ，被告人に書面の内容を理解させる速度で通訳をすることが重要です。

9 証拠調べ手続
(1) 冒頭陳述

「この裁判で検察官が証拠により証明しようとする事実は，以下のとおりである。」などと告げた後，検察官が冒頭陳述を行います。

なお，公判前整理手続が実施された場合で，弁護側の主張があるときには，検察官の冒頭陳述の後に弁護人の冒頭陳述が行われ，引き続き公判前整理手続の結果を明らかにする手続が行われます（66ページの参考例参照）。この場合，証拠申請等に関する以下の(2)から(4)の手続は，通常，公判前整理手続の中で既に行われているため，この後は(5)の証拠の取調べが行われることになります。

Q 冒頭陳述は一括して通訳するのでしょうか，それとも一文ごとに区切って通訳するのでしょうか。

A 一括して通訳する場合が多いと思われますが，書面が事前に交付されていないような場合には，一文ごとに通

> 訳をすることもあります。

(2) 検察官からの証拠申請

　通常，冒頭陳述に引き続いて検察官が「以上の事実を立証するため証拠等関係カード記載の証拠を申請します。」などと述べます。

(3) 検察官の証拠申請に対する弁護人の意見

　検察官の証拠申請に対して，弁護人が同意，不同意などの意見を述べます。同意，不同意という言葉は通常の日本語の意味とは異なる意味を持つものですから，その意味をしっかりと理解しておく必要があります。

　また，この際に具体的な事実を示して，信用性がないとか，違法収集証拠であるというような主張がされることもありますので，メモを取る準備をしておく必要があります。

(4) 裁判所の証拠採否（証拠を採用するか却下するか）の決定

　弁護人の同意がない限り，原則として証拠書類については，証拠調べをすることはできません。裁判所は，弁護人が同意した証拠書類について，必要性や相当性を判断した上，証拠として取り調べることを決定します。弁護人が不同意とした証拠については，それに代えて，証人尋問の請求がされることもあります。

(5) 採用された証拠の取調べ

　ア　証拠書類の内容の要旨の告知（又は朗読）

　　交付された証拠等関係カードのうち採用された証拠書

類については，検察官が要旨を告知（又は朗読）するので，その順に，その内容を通訳してください。
　イ　証拠物の展示
　　　証拠物の取調べは，検察官が採用された証拠物を法廷で示すことによって行いますが，このとき被告人に対する質問をする場合があります。すなわち，被告人が，裁判官の指示により証言台に進み出た後，検察官は被告人に対し，「検察官請求証拠番号○○番の・・・・を示す。」と述べ，「あなたは，この・・・・に見覚えがありますか。これはあなたの物ですか。」などと質問します。
(6)　証人尋問
　ア　証人の宣誓及び虚偽の証言に対する注意
　　　証人が宣誓した後，裁判官から証人に対して，虚偽の証言をすると偽証罪で処罰される旨の告知があります。
　イ　通訳の方法
　　(ア)　外国語を使用する証人の場合
　　　　a　被告人と同じ言語の場合
　　　　　日本語の尋問→通訳→証人の供述→通訳の順に行います。
　　　　b　被告人と異なる言語の場合（次の2通りがあります。）
　　　　　(a)　日本語の尋問→証人に対する尋問の通訳→被告人のための尋問の通訳→証人の供述→日本語への通訳→被告人のための供述の通訳の順に行う方法

(b) 日本語の尋問→証人に対する尋問の通訳→証人の供述→日本語への通訳→被告人のための尋問と供述の通訳の順に行う方法

(a)の方法が原則ですが，この方法では，通訳の間に，証人が質問の内容を忘れてしまうことなどもありますので，これに代えて，(b)の方法を採ることもあります。

(イ) 日本語を使用する証人の場合（次の2通りがあります。）

a 日本語の尋問→通訳→証人の供述→通訳の順に行う方法

b 日本語の尋問→証人の供述→尋問と供述の通訳を行う方法

a の方法が原則ですが，前記(ア)b と同じ理由でb の方法を採ることも多いようです。

なお，情状証人の場合には，ある程度尋問と供述を続けた後，裁判官が通訳人に供述の要旨を告知し，まとめて通訳してもらうこともあります。

ウ 証人の不安や緊張等を緩和するための措置

犯罪によって被害を受けた方等が証人として証言する場合，不安や緊張を緩和するため，次のような措置をとることが認められています。

(ア) 証言をする際，家族等に付き添ってもらうことができます（付添い）。

(イ) 証人と被告人や傍聴席との間につい立てなどを置

き,被告人や傍聴席の視線を気にせず証言することができます(遮へい)。
(ウ) 事件によっては,法廷とテレビ回線で結ばれた別室で証言することもできます(ビデオリンク)。

なお,遮へいの措置をとった際に,被告人の様子が見えにくく,通訳をするに当たって支障がある場合には,裁判官に申し出てください。被告人の着席位置を変更したり,つい立ての位置を調整するなど,裁判官が適宜判断し,対処することになります。

①Q 質問とそれに対する答えがちぐはぐになった場合には,答えをそのまま訳すべきですか,それとも,もう一度聞き直すべきですか。
A ちぐはぐのまま通訳してください。気になるようなら裁判官に,「かみ合っていませんけれども通訳としてはそのまま伝えます。」と告げるとよいでしょう。

②Q 質問の意味が不明瞭であったり,同音異義語でどちらの意味かはっきりしないような場合にはどうすればよいのですか。
A 裁判官の許可を得て確認すべきです。

③Q 証人の発言等について,重要でないと思われる部分については通訳を省略してよいですか。

A　省略してはいけません。できる限り忠実に通訳してください。一部を省略したり内容をまとめたりすることはしないでください。

④Q　証人尋問の通訳を行う際には，どのような態度で行えばよいですか。
　A　証人に対して中立な立場で接し，その証言等に対して，仮に不信や同情等を感じても，表情に出さないようにしてください。

⑤Q　証人があいまいな返事をしたり，証言をしている途中で，言い直しをした場合には，どのように通訳すべきですか。
　A　そのまま通訳をすべきです。内容を明確にさせるためや供述の矛盾を整理するため聞き直して供述を引き出したり，通訳人が勝手に解釈して断定的な通訳をしてはいけません。

⑥Q　証人の答えが長すぎて通訳しにくい場合には，どうしたらよいですか。
　A　手を上げるなどして，裁判官に答えが長すぎて通訳しにくいことを伝えてください。そうすれば，裁判官が答えを一文ずつ区切って通訳するように指示したり，尋問者に対して問いを工夫してもらうよう指示するなど，適宜判断し，対応してくれます。

⑦Q 証言の内容が高度に専門的,技術的であるなどの理由により,そのまま通訳をすることに無理があると感じた場合には,どうしたらよいですか。
A 直ちにそのことを裁判官に告げてください。分かる部分だけを通訳するようなことは,しないでください。
　可能であれば平易な内容に証言をし直してもらうなどの措置を採ることになります。

⑧Q 証人との間で,アクセントや方言のためにコミュニケーションが取りづらいときには,どうしたらよいですか。
A 直ちにそのことを裁判官に告げて,指示を待ってください。程度にもよりますが,ゆっくり証言させたり,繰り返し証言することにより手当てができるのであれば,そのような方法を採ることになります。

⑨Q 通訳をする際には,発言者の表現を忠実に再現するべきですか。
A 発言者と同じ表現を使ってください。例えば丁寧語を用いるなどして表現方法を改めるようなことはしないでください。

⑩Q 証言の途中で,例えば大きさや高さや量を示すために,証人が身振り手振りをした場合には,身振り

手振りも含めて通訳すべきですか。
A　言葉だけを通訳すればよく，身振り等を繰り返す必要はありません。

⑪Q　答えが聞き取れないなどの理由により，答えを繰り返してほしいと思ったときはどうすべきですか。
A　裁判官に，「聞き取れませんでしたので，証人に答えを繰り返すように頼んでもいいですか。」と断ってから頼んでください。

⑫Q　尋問に対して異議が出された場合には，どのようにしたらよいですか。
A　異議に対する意見，判断などの一連のやりとりを逐一通訳するのか，あるいは，やりとりが終わった後に裁判官が通訳すべき範囲をまとめて，それに従って通訳するのかなど，裁判官の指示に従って対応してください。ただ，一連のやりとりは，メモに取っておくとよいでしょう。

⑬Q　証言中の語句，言い回し等を理解できない場合や，通訳できない場合にはどうしたらよいですか。
A　証言の繰り返しや別の言葉での表現を頼んでよいかについて裁判官の許可を得てください。

⑭Q　証人等が人数や性別がはっきりしない代名詞を使った場合には，どうしたらよいですか。

A　そのために完全な通訳ができないことを裁判官に告げて，その部分をはっきりさせるように質問してよいかどうかの許可を得てください。

⑮Q　質問者が名前や数字を間違って質問している場合でもそのまま通訳すべきですか。
A　そのまま通訳すべきです。誤りの指摘や訂正についても裁判官や検察官，弁護人に任せてください。
　ただ，明らかに誤解に基づく場合で，だれも気が付いていないと思われるときには，その旨を裁判官に指摘してください。

⑯Q　通訳に関し，正確性について疑問がある旨の指摘を受けた場合にはどうしたらよいですか。
A　裁判官の指示を待ってください。裁判官の許可があるまで，正確性について自分の意見を述べるのは差し控えてください。通常，裁判官は，問題とされた供述等を引き出す発問からやり直してもらい，あるいは発問の仕方を変えて平易な表現でその点を聞き直させることにより処理する場合が多いと思われます。

⑰Q　質問や発言の中に寸法や重量，外国通貨の量が含まれている場合には，日本のそれらのものに換算すべきですか。

A 自分で換算する必要はありません。換算は,基本的には裁判官,検察官又は弁護人が行います。
　暦についても一度そのまま通訳してください。その後,換算に関するやりとりがあった場合にはそれを通訳し,また,裁判官から西暦等に換算した上で通訳するように指示された場合には,それに従ってください。

⑱Q　図面を利用した尋問等の場合に,留意する事項は何ですか。
　A　被告人が「ここ。」とか「あそこ。」と発言した場合でもそのとおり通訳する必要があります。また,複雑な尋問の場合には,書記官に頼んで図面の写しを準備してもらうとよいでしょう。

⑲Q　仲間うちでだけ用いられる特殊な用語が使用された場合には,通常の言葉に直して通訳すべきですか。
　A　そのまま通訳する必要があります。そして,必要があれば裁判官等が続けて質問しますので,それを待つべきです。

⑳Q　鑑定証人の尋問の場合に留意すべき事項は何ですか。
　A　難しい専門用語を通訳する必要がありますので,あらかじめ尋問の際に使用すると思われる用語につ

いては調べておく必要があります。また，尋問の中に理解できない言葉がある場合には，遠慮なく申し出てください。専門用語を調べる時間が必要な場合には，その旨申し出てもよいでしょう。

10　被告人質問

被告人は，宣誓することはありません。なお，通訳は，日本語の質問→通訳→被告人の供述→通訳の順序で行うのが一般的です。

①Q　被告人が質問の内容を理解していないと思われる場合にはどうしたらよいですか。
　A　通訳人の判断で被告人に説明したりせず，よく理解できていないということを裁判官に告げてください。

②Q　被告人が個人的に話しかけてきた場合にはどうすべきですか。
　A　会話に応じないで，身振りなどで，会話はできないことを示してください。実際に話しかけられた場合は，その内容を裁判官に伝えてください。

11　論告

検察官の事件に関する最終的な意見が述べられます。検察官から事前に「論告要旨」と題する書面（ただし，求刑部分を空欄としたもの）が交付されるのが一般的です。書面が交

付されている場合には,検察官の意見陳述後に,この書面に基づいて通訳してください。また,この場合には,ワイヤレス通訳システムを利用することが多いと思われます。

　なお,被告人が求刑の意味を理解していない場合には,裁判官が補足説明をすることがあり,その場合には,それを通訳することになります。

Q　論告の際に留意する事項は何ですか。
A　求刑は,あくまでも検察官の意見ですが,判決を宣告されたと誤解する被告人も多いです。通訳人の方もこの点についてはよく理解しておいてください。

　なお,論告要旨が事前に交付される場合でも,求刑のところは空欄になっている場合がほとんどです。したがって,求刑についてはその場で検察官が述べた内容を正確に聞き取り,通訳するようにしてください。聞き漏らした場合には,検察官に確認してください。

12　弁護人による弁論

　弁護人の事件に関する最終的な意見が述べられます。弁護人からあらかじめ「弁論要旨」又は「弁論メモ」と題する書面が通訳人に交付され,通訳はこれに基づいて行うのが一般的です。弁論要旨等を事前に交付してある場合には,ワイヤレス通訳システムを使用することが多いと思われます。

　弁護人が,弁論要旨等を事前に準備していないときは,弁護人は通訳できるよう適当な範囲で区切って弁論し,通訳人

は順次通訳する運用になることが多いと思われます。

> Q ワイヤレス通訳システムを使用する論告・弁論の手続で,検察官が被告人の弁解内容に対応して,事前に交付した論告要旨の書面の内容を一部訂正,追加したり,弁護人が論告の内容に対応して弁論要旨の内容を同様に変更した場合にはどうしたらよいですか。
> A 検察官又は弁護人が訂正,追加した部分を通訳人に指摘しますので,それに基づいて通訳することになります。

13 被告人の最終陳述

裁判官が,被告人に対し,「これで審理を終えますが,最後に何か言いたいことがありますか。」などと尋ねます。被告人は,証言台に進み出て陳述する場合がありますので,その内容を通訳してください。

14 次回期日の指定

裁判官が次回期日を指定しますので,その期日と,次回期日に何を行うかについて,裁判官の説明したことを通訳してください。被告人の最終陳述が終わっていれば,次回期日には判決が言い渡されることになります。

続行期日,判決宣告期日を指定する際には,通訳人と調整して期日を指定することになります。特に,継続して開廷する場合には,通訳人との関係で期日を一括指定することもありますから,自分の都合を何か月か先まで正確に把握しておく必要があります。

15 判決宣告の手続

判決宣告の手続については，法廷通訳参考例（８４ページ）を参考にしてください。

判決書の内容は事前に外部に漏れると困りますので，当日までは見ることができません。ただ，判決を正確に通訳できるようにするため，通訳人用の判決要旨，判決写しを作成し，裁判所によっては，これを判決宣告期日の開廷１０分ないし３０分くらい前に通訳人に交付し，事前に目を通してもらうといった運用もされています。この場合に，判決要旨等を交付した後は書記官室から出ないようにしてもらっているようです。裁判所がどのような方法を採っているのかを確認するとよいでしょう。また，判決の要旨等がないと通訳に不安がある場合には，あらかじめ書記官にその旨を申し出るとよいでしょう。

いずれにしても，判決宣告期日には少し余裕をもって裁判所に行くとよいでしょう。

なお，判決宣告手続にはワイヤレス通訳システムは使用しない取扱いです。

①Q　判決宣告期日の公判に要する時間は，どれくらいを予定しておけばよいですか。

A　事件によって異なりますので，裁判官にどの程度時間を取っておけばよいか確認してください。

一般的には，被告人が否認している事件は，自白事件よりも時間を要することになります。

　　　　さらに，判決宣告期日に弁論を再開して証拠調べ等を
　　　行うこともありますので，注意してください。

②Q　執行猶予の説明を通訳する際に留意すべき事項は何です
　　か。
　A　執行猶予の説明は，被告人には分かりにくい面があり
　　ますので，裁判官もできるだけ分かりやすい説明をする
　　ように心掛けています（86ページの参考例参照）。そ
　　れでも被告人が理解していないと思われる場合には，裁
　　判官にそのことを告げてください。

③Q　未決勾留日数の刑への算入の説明を通訳する際に留意
　　すべき事項は何ですか。
　A　未決勾留日数の刑への算入の説明も被告人には分かり
　　にくいようですので，裁判官は分かりやすい説明を心掛
　　けています（86ページの参考例参照）。通訳人におい
　　ても書記官に尋ねるなどして内容をよく理解しておいて
　　ください。

16　上訴期間等の告知

　有罪の判決の場合には，裁判官は被告人に対して上訴期間
及び上訴申立書を差し出すべき裁判所を告知します。

17　即決裁判手続

　即決裁判手続とは，争いのない明白軽微な一定の事件につ
いて，検察官からの申立てにより，裁判所が決定に基づいて

行う手続です。この手続には，①起訴されてから公判期日までの期間が短いこと(できる限り,起訴後14日以内の日に公判期日を指定することとされています。)，②一般の公判手続と比べ，簡略な方法で証拠調べが行われること，③原則として，即日判決が言い渡され，その判決において懲役又は禁錮の言渡しをする場合には，必ずその刑の執行が猶予されることなどの特徴があります。

> Q　即決裁判手続において留意すべき事項は何ですか。
> A　通常の事件と比べ，起訴されてから公判期日までの期間が短いことから，事案によっては，通訳の依頼が期日の直近になることがあります。その場合には，御協力をお願いします。
>
> 　また，公判期日において交わされるやりとりについて，通常の手続とは一部異なる部分があります(76ページの参考例参照)。このほか，原則として即日判決が言い渡されるため，判決宣告の通訳の準備をどうするのかを含め，あらかじめ書記官等に手続の流れを確認しておくとよいと思われます。

第4節　裁判員裁判

　裁判員裁判においては，一般の国民の中から選ばれた裁判員が裁判官とともに審理に参加することから，その審理は集中的・連日的に行われます。これを可能とするために，すべての事件において必ず公判前整理手続が実施され，こ

の中で事前に争点や証拠の整理等が行われます。

　また，法廷での審理内容を裁判員にも分かりやすいものにするため，法廷内で使用される法律用語は，一般の人にも分かるような言葉に言い換えられたり，冒頭陳述等においてプレゼンテーションソフトが積極的に活用されたりしています。さらに，証拠調べにおいても，供述調書等は全文朗読又は限りなくこれに近い要旨の告知の方法によって取り調べられているほか，証人に法廷で直接証言してもらうことも増えています。なお，プレゼンテーションソフトを用いる場合には，示された文書や画像などの内容をスムーズに通訳することができるように，事前に裁判所や訴訟関係人と打合せをしておくとよいでしょう。

---

①Q　連日的開廷が行われる場合，通訳人の負担はかなり重くなるのではないでしょうか。

　A　裁判員裁判における尋問は，従来よりも争点に即した，簡にして要を得たものとなりますし，また，裁判員の疲労や負担にも配慮して，これまでよりも頻繁に，相応の時間の休憩が取られることになります。したがって，一概に通訳人の負担が重くなるということはありません。

---

②Q　裁判員裁判を担当するにあたり，事前に裁判所と打合せをしておく必要はありますか。

　A　連日的開廷により，肉体的，精神的疲労が蓄積して

一人で通訳をすることが困難と予想される場合や，日程の都合がつかず，一部の期日に出頭できない場合などには，事前に裁判所に申し出てください。審理中の休憩の取り方や，場合によっては，通訳人を複数選任することなどについて，裁判所が，通訳人の意向も考慮しつつ，個別に判断させていただくことになります。

③Q　公判期日までの準備事項で，これまでと異なる点はありますか。
A　裁判員裁判では，供述証拠等は全文朗読又は限りなくこれに近い要旨の告知の方法によって取り調べられることになります。その通訳の準備のため，あらかじめ訴訟関係人から通訳人に資料が交付されることがありますので，それを基に準備しておくとよいでしょう。受け取った書類については，絶対に他人の目に触れることのないよう細心の注意を払うようにしてください。

第5節　被害者参加

殺人，傷害，自動車運転過失致死傷等の一定の刑事事件の被害者や遺族の方等が，裁判所の許可を得て，被害者参加人として刑事裁判に参加し，検察官との間で密接なコミュニケーションを保ちつつ，一定の要件の下で，公判期日に出席するとともに，証人尋問，被告人質問及び事実又は法律の適用についての意見の陳述を行うことができる制度

です。

　なお，被害者参加人が日本語に通じない場合にも，通訳をお願いすることになります。

①Q　被害者参加人が発言するのは，具体的にはどのような場面ですか。
　A　情状に関する証人の供述の証明力を争うために必要な事項について証人を尋問する場面，被害者参加人が意見を述べるため必要と認められる場合に被告人に質問をする場面，事実又は法律の適用について意見を述べる場面などがあげられます。なお，被害者参加人が出席する際にも，付添い，遮へいの措置が認められています（２７ページ９(6)証人尋問ウ(ｱ)(ｲ)参照）。

②Q　被害者参加人が意見陳述を行う場合，どのように通訳をすればよいですか。
　A　一文ずつ区切って通訳を行うか，陳述後にまとめて通訳を行うかなど，通訳の方法については，あらかじめ裁判所と相談しておくとよいでしょう。なお，意見陳述が長くなる場合には，被害者参加人が事前に準備していた読み上げ書面に基づいて通訳をしていただく場合もあります。

③Q　被告人から，どうして被害者等が法廷に立ち会っているのかと尋ねられた場合，どのように対応すればい

いですか。

A そのような場合には,通訳人の判断で被告人に説明したりせず,裁判官に対してその旨を伝え,指示に従ってください。

第5章 その他の留意事項

①Q 判決宣告直後に,弁護人から,被告人に判決の内容やその後の手続について説明をするための通訳を依頼された場合はどうしたらよいですか。

A そのような説明が必要となる場合もありますので,依頼された場合にはよろしくお願いします。

②Q 弁護人以外の者から,被告人と接見等をする際の通訳を依頼された場合にはどうしたらよいですか。

A 公正さに疑いを持たれる行為ですから,断ってください。

③Q 弁護人から上申書等の翻訳を依頼された場合にはどうしたらよいですか。また,その場合の報酬はどのようになりますか。

A 弁護活動を行う際に使用される一定の書面について,国選弁護人からの依頼に基づいて翻訳を行った場合には,弁護人から報酬の支払を受けることができます。依頼を引き受けるに当たっては,事前に報酬等につい

て弁護人から説明を受けておくとよいでしょう。

④Q 通訳費用の負担について被告人から尋ねられたらどうしたらよいですか。
A 弁護人に尋ねるよう告げてください。ちなみに通訳にかかった費用については、裁判実務では被告人に負担させない運用が定着しています。

⑤Q 判決宣告により終了した事件の関係書類はどうしたらよいですか。
A まず、判決要旨は、宣告後すぐに裁判所に返還してください。その他の書類については、裁判所から返還を求められなければ、処分して差し支えありませんが、書類が他人の目に触れないように、処分方法には十分に注意してください。

第2編

控訴審における刑事手続の概要

第2編 控訴審における刑事手続の概要

第1章 控訴審とは
1 上訴制度

上訴とは，未確定の裁判に対して，上級裁判所の審判による救済を求める不服申立ての制度です。

第一審の判決に不服がある場合には，訴訟当事者は，事実誤認，訴訟手続の法令違反，法令適用の誤り，量刑不当などを理由として，高等裁判所に対して上訴（控訴といいます。）することができます。控訴審の裁判所は，第一審が地方裁判所又は簡易裁判所のいかんにかかわらず高等裁判所です。控訴審では合議体で裁判を行います。

控訴審の判決に不服がある場合には，最高裁判所に上訴（上告といいます。）することができます。

2 控訴審の役割

控訴審では，申立人の指摘する控訴理由を中心に，第一審判決の当否を審査することが直接の目的とされます。審理の結果，第一審判決を維持すべきであれば控訴棄却，第一審判決を取り消す必要があれば原判決破棄となります。原判決破棄の場合には，第一審裁判所に事件を差し戻し，又は移送するときと，控訴審の裁判所が自ら事件について判決をし直すときとがあります。

第2章 控訴の申立て等

1 控訴の提起期間

　控訴の申立てのできる期間は，14日以内と規定されています。この期間は，第一審判決の宣告のあった日の翌日から起算されます。

2 申立ての方式

　第一審の判決（原判決ともいいます。）に対して控訴する場合には，当事者は控訴申立書を第一審の裁判所（原裁判所ともいいます。）に提出して行います。

　控訴の申立てがあったとき，第一審裁判所は，速やかに訴訟記録及び証拠物を控訴裁判所に送付します。

3 上訴の放棄

　上訴の放棄とは，上訴の提起期間満了前に，上訴する権利を放棄することですが，死刑，無期懲役及び無期禁錮のような重大な刑に処せられた判決に対しては上訴を放棄することはできません。

　なお，上訴を放棄した者は，上訴の提起期間内であっても更に上訴を提起することはできません。

4 上訴の取下げ

　上訴の取下げは，上訴審の判決があるまですることができます。

　なお，上訴を取り下げた者は，上訴の提起期間内であっても更に上訴を提起することはできません。

第3章 控訴審の手続

第1節 控訴審の第1回公判期日までの手続

1 弁護人選任に関する手続

　弁護人は審級ごとに選任しなければなりません。したがって，第一審において弁護人を選任していた場合であっても，控訴を申し立てた被告人は，控訴審でも弁護人を選任しようとする場合には，改めて裁判所に弁護人選任書を提出しなければなりません。裁判所の行う弁護人選任照会，国選弁護人選任の手続等については第一審の場合と同様です。照会書については，高等裁判所の依頼に基づいて，第一審裁判所において送付するという取扱いが実務においてされています。

2 通訳人の選任に関する手続

　通訳人の選任については，第一審の場合と同様です。

3 被告人の移送

　控訴審において，被告人が勾留されている事件の公判期日を指定するときは，その旨を検察官に通知しなければなりません。通知を受けた検察官は，被告人の身柄を，速やかに控訴審裁判所の所在地にある拘置所に移送します。

　これは，被告人が控訴審の公判に備えて，弁護人との打合せ等の準備をしたり，自ら公判廷に出頭したりする際の便宜等のためです。

4 控訴趣意書の提出

　控訴趣意書とは，控訴の申立てをした者が控訴審に対して自己の主張である控訴理由を簡潔に指摘した書面です。控訴趣意書は，被告人自身で書いて差し出すことも法律上はできますが，通常は，弁護人が被告人のために作成して差し出しています。

なお，控訴の申立ての理由は，控訴趣意書に記載すればよく，必ずしも控訴申立書に記載する必要はありません。

控訴審裁判所は，控訴趣意書を受け取ったときは，速やかにその謄本を相手方に送達しなければなりません。

＊控訴理由の限定

控訴の理由は，刑訴法に定められており，それ以外の事由を控訴理由とすることはできません。控訴の理由としては量刑不当が最も多く，事実誤認がこれに次ぎ，訴訟手続の法令違反，法令の適用の誤りもよく見られます。

＊控訴趣意書差出最終日の指定

裁判所は，控訴趣意書につき，期間を定めて提出を促します。その期間は，控訴趣意書差出最終日指定通知書を控訴申立人に送付することによって通知します。

5　答弁書の提出

答弁書は，控訴趣意書に対する相手方の意見を記載したもので，書面により控訴審裁判所に差し出すものです。

6　第1回公判期日の指定と被告人の召喚

控訴審においては，被告人は，裁判所が特に出頭を命じた場合以外は公判期日に出頭する義務はありません。しかし，公判期日に出頭し，自ら防御権を行使する権利は保障する必要がありますので，期日が指定されたときは，実務上，被告人に対して公判期日召喚状による召喚の手続がとられています。実際にも，被告人が出頭するケースが圧倒的に多いとされています。

＊被告人に対する出頭命令

裁判所は，５０万円以下の罰金又は科料に当たる事件以外の事件について，被告人の出頭がその権利の保護のため重要であると認めるときは，被告人の出頭を命ずることができます。この出頭命令があると，被告人は，公判期日に出頭する義務が課せられることになります。

第２節　控訴審における公判審理

1　概要

控訴審の公判審理は，まず第１回公判期日で，控訴を申し立てた当事者から控訴趣意書に基づく弁論がなされ，これに対する相手方の答弁があります。必要がある場合は請求又は職権により事実の取調べが実施されます。

事実の取調べが終了すると，当事者の請求により事実の取調べの結果に基づき弁論をすることができます。

弁論が終結されると，判決宣告期日が指定されて，その期日に判決が宣告されます。

＊**被告人の弁論能力の制限**

裁判所が被告人質問を採用したときには，被告人は訴訟関係人の質問に対して任意の供述はできますが，弁論をすることはできないとされています。したがって，被告人のためにする弁論は，弁護人でなければこれをすることができません。

2　公判期日の手続の流れ

(1)　通訳人の人定尋問と宣誓

第一審と同様の手続で行われます。

(2)　被告人の人定質問

控訴審では，人定質問は必要的なものではなく，出頭した場合でも適宜の方法で人違いでないことを調べれば足りるとされています。実務では，被告人が出頭したときは，人定質問がなされるのが通例です。なお，控訴審でも「被告人」と呼ばれることは第一審と同じです。

人定質問がされる場合は，第一審と同様に，裁判長が被告人に対し，氏名，生年月日，国籍，日本における住居及び職業を尋ねます。

＊黙秘権の告知

控訴審では，黙秘権の告知は必要的ではありませんが，行われることもあります。また，事実の取調べとして被告人質問をする場合に，その実施前に告知することもあります。

(3) 控訴趣意書に基づく弁論

検察官及び弁護人は，控訴趣意書に基づいて弁論しなければならないとされています。控訴趣意書に記載した事項を基礎としてそれに関連する事項を説明したりすることや，控訴趣意書の範囲内であれば，期間経過後に提出された控訴趣意補充書あるいは控訴趣意補正書等に基づく弁論をすることも許されているのが実務の取扱いです。控訴趣意書の範囲を逸脱したり，趣意書に記載のない新しい主張を付加したりすることは許されません。

被告人側が控訴を申し立てた場合に，被告人が自ら控訴趣意書を書いて提出することがありますが，被告人には弁論能力がありませんので，弁護人がその判断で被告人提出

の控訴趣意書をも含めて弁論をすることになります。

控訴趣意書に基づく弁論は，弁護人と被告人との間の打合せにより被告人に控訴趣意書の内容があらかじめ伝わっている場合には，「控訴趣意書記載のとおり」として行われることがほとんどです。被告人に内容が伝わっていない場合などは，弁護人が必要に応じて控訴趣意書の内容を要約したり，自ら要旨を作成して，それに基づき述べたりします。

(4) 控訴趣意書に対する相手方の意見（答弁）

控訴の申立ての相手方は，答弁書に基づき，又は答弁書の提出がないときは口頭で，控訴申立人の控訴趣意書の内容に反論する弁論をします。

被告人控訴の場合に，事前に検察官から答弁書が提出されている場合には，「答弁書記載のとおり」として答弁することがほとんどです。答弁書が提出されていない場合には，検察官が口頭で「本件控訴は理由がないので，棄却されるべきである。」などと答弁することになります。

(5) 事実の取調べ

控訴審の審査は，控訴理由の有無の調査という形で行われますが，事実の取調べはその調査の一方法です。控訴趣意書に包含された事項についての調査は，義務的に行われますが，事実の取調べはその調査に必要な場合に制限されています。

事実の取調べとしては，第一審における証拠調べの方法にのっとり，証人尋問，検証，鑑定，被告人質問あるいは

書証の取調べなどが行われることになります。

このほか,審理の過程で訴因等が変更される場合もあります。

(6) 事実の取調べの結果に基づく弁論

事実の取調べをしたときは,検察官及び弁護人は,その結果に基づいた弁論をすることができますが,任意的なものです。そして,この弁論は,事実の取調べの結果,控訴理由の存否につき意見をふえんする必要がある場合にその点に限って認められるものです。したがって,事件全般についての意見を陳述する第一審のいわゆる論告や弁論とは性質を異にします。

なお,被告人には弁論能力がないので,事実の取調べの結果に基づく弁論を認めず,その最終陳述も認めない扱いが実務の大勢です。

(7) 次回公判期日の指定・告知

3　判決宣告期日

判決宣告・上訴期間等の告知

(判決主文例については98ページ,判決理由の例については118ページ参照)

＊被告人の収容

第一審判決で禁錮以上の刑の言渡しがされている場合に,控訴棄却の判決があると,保釈又は勾留の執行停止はその効力を失い,新たな保釈又は執行停止がない限り,被告人の身柄については,収容の手続がとられることになります。ただし,控訴審では直ちに収容の手続をとら

ないのが通例です。

第3編

法廷通訳参考例

第3編　法廷通訳参考例

　ここでは，刑事裁判における具体的なやりとりの例を取り上げ，通訳の参考例を対訳の形で収録しています。第1編，第2編の刑事裁判手続の説明と合わせて活用してください。

概要目次
Contents

第1章　勾留質問手続 ………………………………… 56
Ⅰ. Detention Hearing

第2章　公判手続 ……………………………………… 62
Ⅱ. Trial Procedure

第3章　第一審における判決主文の例 ……………… 88
Ⅲ. Examples of the Main Text of Judgment in the Court of First Instance

第4章　控訴審における判決主文の例 ……………… 98
Ⅳ. Examples of the Main Text of Judgment in the Court of Second Instance

第5章　第一審における判決理由 …………………… 100
Ⅴ. Reasons for Judgment in the Court of First Instance

第6章　控訴審における判決理由 …………………… 118
Ⅵ. Reasons for Judgment in the Court of Second Instance

第1章　勾留質問手続

1　前置き

（裁）　私は，○○地方裁判所の裁判官です。検察官から勾留請求といって，引き続いてあなたを留置してほしいという請求がありました。そこで，これからあなたを勾留するかどうかを決めるために，あなたに対して被疑事実を告げ，それに関するあなたの陳述を聴くことにします。その前にいくつかの注意及び説明をします。

2　黙秘権の告知

（裁）　まず第一に，あなたには黙秘権があります。私の質問に対し，始めから終わりまで黙っていてもいいし，個々の質問に対して答えを拒むこともできます。答えないからといって，それだけで不利益な扱いを受けることはありません。

3　弁護人選任権の告知

（裁）　第二に，あなたは自分の費用で弁護人を選任する権利があります。弁護人を選任したいけれども，弁護人の心当たりがないという場合には，弁護士会を通じて選任する方法があります。そのような申出があれば，裁判所から弁護士会に通知しますから，希望する場合は遠慮なく言ってください。

（被疑者国選弁護対象事件の場合）

あなたが経済的な理由などで自分の費用で弁護人を選任することができないときは，裁判官に弁護人の選

I. Detention Hearing
1. **Introduction**
    (J) I am a judge of the ____ District Court. The public prosecutor has applied to this court for your detention. I will recite the alleged facts of the crime, after which you may make a statement about the allegations. First, however, I would like to give you some warnings and information.
2. **Notice of the right to remain silent**
    (J) First, you have the right to remain silent. You may remain silent throughout my questioning, or you may refuse to answer individual questions. It shall not be to your disadvantage to remain silent or to refuse to answer any of my questions.
3. **Notice of the right to counsel**
    (J) Second, you have the right to appoint your defense counsel at your own expense. If you wish to appoint counsel, but do not have any information about defense counsels, the court can help you find an attorney to represent you through a bar association. Do not hesitate to apply to the court to find a counsel. If requested, the court will notify a bar association at your request.

(Where the suspect is eligible to apply for a court-appointed defense counsel)

If you cannot afford to appoint a defense counsel at your own expense for economic or other reasons, you may

任を請求することができます。この請求をする場合には，資力申告書を提出しなければなりません。また，資力申告書の資力の合計額が５０万円以上の場合には，あらかじめ，○○弁護士会に弁護人の選任の申出をしていなければなりません。

4 勾留の要件の説明

(裁) あなたに，罪を犯したと疑うに足りる相当な理由があり，かつ，住居が不定であるか，証拠を隠滅したり逃亡したりすることを疑うに足りる相当な理由がある場合には，勾留されることになるかもしれません。

5 勾留の期間の説明

(裁) 勾留される期間は，原則として１０日間です。しかし，場合によっては，１０日たつ前に釈放されることもありますし，更に１０日以内の日数勾留が延長されることもあります。

6 被疑事実の告知

(裁) それでは，勾留請求の理由となっている犯罪事実を読むのでよく聞いてください。その後で，これに対して言いたいことがあったら述べてください。

「被疑者は，平成○○年１０月１０日午後６時５０分ころ，○○市丸山町１番１号所在の株式会社甲百貨店（代表取締役甲野太郎）本店３階貴金属売場において，同社所有のダイヤモンド指輪１個（時価３００万円相当）を自己の背広の内側ポケットに入れて窃取したものである。」

request a judge to appoint one. If you wish to make this request, you should first submit a report of financial resources. If you have a total of 500,000 yen or more as your own resources, you should request the _____ Bar Association to appoint a defense counsel beforehand.

4. Summary of detention procedures

(J) You might be held in detention if the court finds probable cause to suspect that you have committed the crime as along with one or more of the following three factors: One, you have no fixed address. Two, there is probable cause to suspect that you will conceal or destroy evidence. Three, there is probable cause to suspect that you will attempt to flee.

5. Duration of detention

(J) The duration of detention is 10 days in principle, but depending on the case, you might be released (from custody) before 10 days or the detention might be extended up to another 10 days.

6. Notice of alleged facts of the crime

(J) The following allegations of the facts of the crime constitute the grounds for the request for your detention. Afterwards, you will have an opportunity to make a comment.

"The suspect, at about 6:50 p.m., on October 10, XXXX, knowingly and intentionally stole a diamond ring (valued at about three million yen) by slipping it inside the inside pocket of his/her jacket at the jewelry department on the third floor of the main store of _____ Department Store (C.E.O. _____), located at 1-1 Maruyamacho, City."

7 被疑事実に対する陳述

(被)　・　事実はそのとおり間違いありません。

　　　・　身に覚えがありません。

　　　・　検察庁で述べたとおりです。

8 勾留通知先

(裁)　あなたが勾留されることになった場合には，裁判所から弁護人あてにその旨を通知します。弁護人がない場合には，国内にいるあなたの配偶者，親兄弟等のうち，あなたが指定する1人に通知します。また，弁護人もそのような家族もない場合には，雇主とか知人などのうちからあなたが指定する1人に通知します。通知先の氏名，住居，電話番号を述べてください。

(被)　日本にいる兄に連絡してください。

(裁)　住所と名前は。

(被)　名前は，Aです。私と同じところに住んでいます。

9 領事機関への通報

(裁)　あなたは，○○国国民として，領事関係に関するウィーン条約第36条第1項（b）の規定により，勾留の事実を○○国領事官に通報することを要求しますか。

(被)　通報することを要求します。〈要求しません。〉

(裁)　なお，領事機関に対しては，我が国の法令に反しない限り，信書を発することができます。

10 読み聞け

(書)　あなたが述べたことを調書に書きましたので，それを読み上げます。間違いなければここに署名して，左

7. **Statement by the suspect concerning the alleged facts of the crime**
    (S) · These facts are true in their entirety.
    · I have nothing to do with these facts.
    · All I want to say now is what I have said at the public prosecutors office.

8. **Notification of detention**
    (J) If you are detained, the court will notify your counsel of your detention. If you do not have your own counsel, the court will notify your spouse, a parent or a sibling in Japan designated by you. If you have neither counsel nor such family members, the court will notify any other person designated by you, such as your employer or acquaintance. Indicate the name, address, and phone number of such person whom the court should notify of your detention.
    (S) Please notify my brother in Japan.
    (J) What is his name and address?
    (S) His name is A. He lives at the same address as I do.

9. **Notification to consul**
    (J) Do you, as a national of ____, under Article 36 (1) b of the Vienna Convention on Consular Relations, request notification of your detention to be given to the Consul of ____ ?
    (S) Yes, I do. ⟨No, I don't.⟩
    (J) You may send a letter to the Consul in so far as it does not contradict Japanese law.

10. **Reading of the written statement of the suspect, signature and seal**
    (C) I have written down what you have said. I will read it aloud. If it is correct, sign here and seal it with your left

人指し指で指印してください。

第2章 公判手続

1 開廷宣言

（裁）　開廷します。

2 通訳人の宣誓

（通）　良心に従って誠実に通訳をすることを誓います。

3 人定質問

（裁）　被告人は前に出てください。〈被告人は起立してください。〉

名前は何と言いますか。

生年月日はいつですか。

国籍（本籍）はどこですか。

日本国内に定まった住居はありますか。

職業は何ですか。

4 起訴状朗読

（裁）　それでは，これから被告人に対する○○被告事件についての審理を始めます。

起訴状は受け取っていますね。

まず，起訴状が朗読されますから，被告人は聞いていてください。

検察官，起訴状を朗読してください。

5 黙秘権の告知

（裁）　これから，今朗読された事実についての審理を行いますが，審理に先立ち被告人に注意しておきます。被告人には黙秘権があります。したがって，被告人は答

index finger next to your signature.

II. Trial Procedure

1. Convening the court

    (J)   This court is hereby opened.

2. Oath by the interpreter

    (I)   I swear, according to my conscience, to interpret faithfully and truly.

3. Question to the defendant for identification

    (J)   Will the defendant please step forward. 〈Will the defendant please rise.〉

           State your name.

           State your date of birth.

           State your nationality (registered domicile).

           State your residential address in Japan.

           State your occupation.

4. Reading of the charging sheet

    (J)   The trial is now in session regarding the charge against you of _____ .

           Have you already received a copy of the charging sheet?

           Please listen as the prosecutor reads aloud the charging sheet.

           Prosecutor, will you please read the charging sheet?

5. Notice of the right to remain silent

    (J)   The court will now hear this case based on the charge against you which has been read by the prosecutor. Be advised of the following points. You have the right to

えたくない質問に対しては答えを拒むことができますし，また，始めから終わりまで黙っていることもできます。もちろん質問に対して答えたいときには答えてよいですが，被告人がこの法廷で述べたことは，被告人に有利，不利を問わず証拠として用いられることがありますから，そのことを念頭に置いて答えるようにしてください。

6 被告事件に対する陳述

（裁） 検察官が今読んだ事実について何か述べることはありますか。

（被） ・ 事実はそのとおり間違いありません。
　　　・ 事実は身に覚えがありません。
　　　・ 酒を飲んでいたので，よく覚えていません。
　　　・ 物を取ったのは確かですが，人は殺していません。
　　　・ 被害者を刺したのは確かですが，殺すつもりはありませんでした。

7 弁護人の意見

（弁） ・ 被告人の陳述のとおりです。
　　　・ 被告人には，窃盗の故意がないので，無罪を主張します。
　　　・ 被告人には，窃盗の実行の着手がありませんので，無罪を主張します。
　　　・ 被告人の行為は正当防衛に当たるので，無罪を主張します。

remain silent. You may refuse to answer some of the questions or you may remain silent throughout the trial. Of course, you may choose to answer any question. However, any statement made by you in this court may be used as evidence either for or against you. Therefore, answer questions keeping this rule in mind.

6. **Statement by the defendant concerning the case charged to the court**

   (J)   Do you have anything to say in response to the facts just read by the prosecutor?

   (D)   · The facts are true in their entirety.

   · I have nothing to do with these facts.

   · I was intoxicated at the time, and do not have a clear recollection of what happened.

   · I did, in fact, take the items in question, but I killed no one.

   · I did, in fact, stab the victim, but I did not intend to kill him/her.

7. **Defense Counsel's opinion**

   (DC) · The statement given by the defendant is entirely true.

   · The defendant is not guilty on the grounds that he/she did not have the intention to steal.

   · The defendant is not guilty on the grounds that he/she had not even commenced the commission of the crime of theft so charged.

   · The defendant is not guilty on the grounds of self-defense.

8　検察官の冒頭陳述

(裁)　それでは検察官，冒頭陳述を行ってください。
　　　検察官が証拠によって証明しようとする事実を述べますので，被告人は聞いていてください。
(検)　検察官が証拠により証明しようとする事実は次のとおりであります。被告人は・・・・。

9　弁護人の冒頭陳述
（公判前整理手続が実施された場合で，弁護側の主張があるときには必ず行われるが，同手続が実施されなかった場合に行われることは少ない。）
(裁)　続いて，弁護人の冒頭陳述をどうぞ。
(弁)　それでは，弁護人の冒頭陳述を申し上げます。被告人は，本件犯行を行っておらず，無罪です。すなわち・・・・。

10　公判前整理手続の結果顕出
（公判前整理手続が実施された場合）
(裁)　次に，公判前整理手続の結果を明らかにする手続を行います。この公判に先立ち，裁判所，検察官，弁護人の3者によって行われた公判前整理手続の結果，本件における主たる争点は，次の2点であることが明らかになっています。まず第1点は・・・・。

11　証拠調べ請求
(検)　以上の事実を立証するため，証拠等関係カード（甲）（乙）記載の各証拠の取調べを請求します。

12　証拠（書証・証拠物）請求に対する意見

8. **Public prosecutor's opening statement**
    (J) Prosecutor, please make your opening statement.
         Defendant, please listen to the prosecutor's opening statement in which the prosecution will outline the facts they intend to prove with evidence.
    (P) The facts which we intend to prove with evidence are as follows:
         The defendant....

9. **Defense counsel's opening statement**
    (The defense counsel is necessarily allowed to make an opening statement if the case has been subject to the pretrial conference procedure and the defense counsel has something to say at this stage; however, this procedure is rarely held when the pretrial conference procedure has not been performed.)
    (J)   Defense counsel, please make your opening statement.
    (DC) I will make an opening statement as the defense counsel. The defendant did not commit the crime as charged, so he/she is not guilty....

10. **Disclosure of the results of the pretrial conference procedure**
    (Where the pretrial conference procedure has been performed)
    (J) The court moves on to the procedure to disclose the results of the pretrial conference procedure. Through the pretrial conference procedure performed by the court, the public prosecutor, and the defense counsel, the following two points at issue have been clarified. The first point is....

11. **Request for examination of the evidence**
    (P) To prove these facts, I request the court to admit the evidence listed in the Evidence Card(s) (A, B).

12. **Opinion of the defense concerning the prosecutor's request for examination of the evidence (documentary evidence and other articles of evidence)**

（裁）　弁護人，御意見はいかがですか。

（弁）　・　すべて同意します。

・　甲3号証と甲4号証の目撃者Aの検察官と司法警察員に対する供述調書については不同意です。その余の各証拠は同意します。

・　証拠物については異議ありません。

・　乙3号証の被告人の司法警察員に対する供述調書は，取調べ警察官の脅迫により録取されたものであり，任意性を争います。

・　乙5号証の被告人の司法警察員に対する供述調書は，供述録取に際し，共犯者をかばって供述したものであるので，その調書には信用性がありません。

・　乙9号証の被告人の検察官に対する供述調書は，検討中のため意見を留保します。

13　書証の要旨の告知・証拠物の展示

（裁）　それでは，同意のあった各証拠は採用し，取り調べることにします。検察官，書証の要旨を告知し，証拠物を示してください。

　　　　　検察官が書証の要旨を告げますので，被告人は聞いていてください。

（検）　・　甲1号証は，司法警察員作成の捜査報告書です。被告人の出入国状況を示したもので，「被告人は，平成〇〇年10月14日，Y国から，短期在留資格（90日）の条件で来日した。在留資格は，平

(J) Defense counsel, do you have any objections?
(DC)
- No, your honor, we consent to all of the evidence as admissible.
- Yes, your honor. We do not consent to the admission of Exhibit A3 and A4, the written statements of Eyewitness A to the prosecutor and to a judicial police officer. We consent to the rest of the evidence as requested.
- We have no objections to the articles of evidence being admissible.
- We question the voluntariness of Exhibit B3, the written statement of the defendant to a judicial police officer, because it was recorded under threat by the officer.
- We question the credibility of Exhibit B5, the written statement of the defendant to a judicial police officer, because the defendant was attempting at that time to protect his/her accomplice.
- We are still in the process of evaluating Exhibit B9, the written statement of the defendant to a prosecutor. We would like to reserve comment at this time.

13. Summary of the documentary evidence and exhibition of the articles of evidence.

(J) I hereby admit the articles of evidence that the defense has consented to as evidence and rule that they now be examined. Prosecutor, will you please summarize the documentary evidence and show the exhibit(s), which have been admitted?

Defendant, listen to the prosecutor as he/she reads the summary of the documentary evidence.

(P)
- Exhibit A1 is an investigative report filed by judicial police officers. This report gives the present immigration status of the defendant. Quote, "The defendant entered Japan from Country Y on October 14, XXXX with the status of residence as a temporary

成〇〇年1月12日までとなっているが，在留期間の更新は受けていない。」という内容です。

・ 甲2号証は，被告人の婚約者甲野花子の司法警察員に対する供述調書です。内容は被告人の生活状況です。

・ 乙1号証は，被告人の司法警察員に対する供述調書です。

被告人の身上，経歴等を述べたものです。

・ 乙2号証，乙3号証は，被告人の司法警察員に対する供述調書であり，乙4号証は，被告人の検察官に対する供述調書です。

乙2号証から乙4号証は，いずれも被告人が本件の犯行状況について述べたものですので，乙4号証でまとめて要旨を告げます。

「私は，日本で働いてお金を稼ぐために，平成〇〇年10月14日，Y国から，日本に来ました。日本では，最初に鈴木建設という会社で働き，次に田中土建という会社で働きました。在留期間が平成〇〇年1月12日までということは分かっていましたが，お金を稼ぎたいのでそのまま日本にいました。」

・ 乙5号証は，被告人の身上関係についての捜査報告書です。

14 証人申請

（裁）検察官，不同意とされた証拠についてはどうされま

visitor allowed to stay for a period of 90 days. He was allowed to stay in Japan until January 12, XXXX. So far no extension of the period has been granted," unquote.

- Exhibit A2 is a written statement of the defendant's fiancée, Hanako Kouno, to judicial police officers concerning the defendant's living conditions and lifestyle.
- Exhibit B1 is a written statement of the defendant to judicial police officers. It relates information about his family background, personal history, etc.
- Exhibit B2 and B3 are also written statements of the defendant to judicial police officers; Exhibit B4 is a written statement of the defendant to a prosecutor.

Exhibit B2, B3 and B4 are the defendant's written statements on his criminal involvement in the present case. To summarize these statements, I quote from Exhibit B4, "I came to Japan from Country Y on October 14, XXXX for the purpose of finding employment and earning money here. I was first employed at Suzuki Construction Company, then I worked at Tanaka Construction Company. I knew that I was allowed to stay in Japan just until January 12, XXXX, but I chose to remain in Japan for the purpose of earning money."

- Exhibit B5 is an investigative report concerning the defendant's family background.

14. Request for examination of a witness

(J)　　Prosecutor, how will you proceed concerning the evidence

すか。

(検)　撤回して，証人Aを申請します。

15　証人申請に対する意見及び証人の採用

(裁)　弁護人，御意見は。

(弁)　しかるべく。

(裁)　それでは，Aを証人として採用します。

16　証人の尋問手続

(1) 証人の宣誓

(裁)　ただいまから，あなたをこの事件の証人として尋問しますから，まずうそをつかないという宣誓をしてください。その宣誓書を朗読してください。

(証)　宣誓　良心に従って真実を述べ，何事も隠さず，偽りを述べないことを誓います。証人A。

(裁)　証人は，今宣誓したように本当のことを証言してください。もし宣誓した上で虚偽の証言をすると，偽証罪で処罰されることがあります。

　　　証人が証言することによって証人自身又は証人の近親者が刑事訴追を受けたり，有罪の判決を受けるおそれのある事柄については，証言を拒むことができますから，その場合には申し出てください。

(2) 異議申立て及びその裁定

(検)　弁護人のただいまの発問は，誘導尋問ですから，異議を申し立てます。

(弁)　反対尋問においては，誘導尋問も許されるので，検察官の異議の申立ては，理由がないと思料いたし

	to which the defense did not consent?
(P)	I withdraw the evidence, your honor, and now request to examine A as a witness.

15. Opinion concerning the request for examination of a witness and the ruling of admission

(J) Defense Counsel, do you have any objections?

(DC) No, your honor. Please proceed.

(J) The court admits A as a witness.

16. Procedure to examine a witness

(1) Witness's oath

(J) You are going to be examined as a witness for this case. Before testifying, please take an oath that you will not lie. Please read aloud this oath.

(W) I swear, according to my conscience, that I will speak the truth, not to conceal anything and not to speak falsely. Witness A.

(J) As a witness, you are required to testify the truth as you have sworn. You are now under oath. You may be punished for perjury if you give any false testimony.

You are also advised of your right to refuse to answer questions on the grounds that it may incriminate you or your relatives. Please tell the court if this arises.

(2) Objections and rulings

(P) Objection! Defense Counsel is giving a leading question to the witness.

(DC) Your honor, leading questions are permitted during cross-examination. I think the prosecutor's objection is

ます。
(裁) 異議を棄却します。
(3) 証人尋問の終了
(裁) 証人尋問を終わります。証人は,お疲れさまでした。

17 その他の手続

(1) 弁論の併合決定
(裁) 本件に被告人に対する平成〇〇年(わ)第〇〇号強盗被告事件を併合して審理します。
(2) 訴因及び罰条等の変更
(検) 起訴状記載の訴因を「被告人は・・・・したものである。」と,罪名及び罰条を「窃盗 刑法235条」とそれぞれ変更の請求をします。
(弁) 検察官の請求に異議ありません。
(裁) 訴因及び罰条等の変更を許可します。
(3) 被害者特定事項の秘匿決定後,被害者の呼称の定めがされた場合
(裁) 今後の審理においては,平成〇〇年6月20日付け起訴状記載の公訴事実第1の被害者のことを「被害者A」と,同年7月10日付け追起訴状記載の被害者のことを「被害者B」と呼ぶこととします。
(4) 被害者参加許可決定
(検) 本日,被害者Aさんから被害者参加の申出がありました。検察官としては,相当であると考えます。
(裁) 弁護人の御意見はいかがですか。

groundless.

(J)   Objection overruled.

(3) Conclusion of examination of witness

(J)   Examination of you as a witness is completed. Thank you very much.

17. Other procedures

(1) Rulings to consolidate oral proceedings

(J)   The court consolidates the charge against the defendant for robbery (XXXX (WA) No. ＿＿＿) with the present charge.

(2) Alteration of the counts and applicable penal statutes

(P)   The prosecution requests that the count in the charging sheet be altered to "the defendant....," and the name of the offense and the penal statutes applicable thereto be altered to "theft, Article 235 of the Penal Code," respectively.

(DC) I have no objections, your honor.

(J)   These alterations are so allowed.

(3) Where a ruling is made to keep secret the victim's identification information, and what to call the victim is decided

(J)   In the proceedings hereafter, the victim mentioned in Charged Fact I of the charging sheet, dated June 20, XXXX, shall be called Victim A, and the victim mentioned in the additional charging sheet, dated July 10, XXXX, shall be called Victim B, respectively.

(4) Ruling to permit the victim's participation in criminal proceedings

(P)   Today, Victim A applied for participation in the proceedings. The prosecution considers his/her participation to be appropriate.

(J)   Defense Counsel, do you have any objections?

　　　　（弁）　しかるべく。
　　　　（裁）　申出人の本件被告事件の手続への参加を許可します。
(5)　被害者等の被害に関する心情その他の被告事件に関する意見陳述
　　（被害者等からの申出がある場合）
　　　　（裁）　被害者の方からの心情その他の意見陳述を行います。では，被害者の方は証言台に進んで，その意見を陳述してください。
　　　　（害）　・　私は，被告人に殴られて，半年も入院しました。その間，身体の自由が利かず，仕事もできず，とてもつらい思いをしました。
　　　　　　　　・　被告人のことは，絶対に許せません。
(6)　即決裁判手続
　　ア　被告事件に対する有罪の陳述
　　　　（起訴状朗読及び黙秘権の告知後）
　　　　（裁）　検察官が今読んだ事実について何か述べることはありますか。
　　　　（被）　間違いありません。
　　　　（裁）　事実は間違いないということですが，この事実について，有罪であるとして処罰されても構わないということですか。
　　　　（被）　はい。
　　イ　弁護人の意見
　　　　（裁）　弁護人の御意見は。

(DC) No, your honor. Please proceed.

(J) The court permits the applicant to participate in the proceedings of this case.

(5) Statement by the victim and others of their sentiments and other opinions concerning the case

(When the victim and others apply to make a statement)

(J) The court now allows the victim to state his/her sentiment and other opinions. (To the victim) Please step forward to the box, and make your statement.

(V) · I was beaten by the defendant and was hospitalized for as long as six months. During this period, I went through a hard time because I was unable to move around or go to work.

· I will never forgive the defendant.

(6) Expedited trial procedure

A. Guilty plea

(After the reading of the charging sheet and the notice of the right to remain silent)

(J) Do you have anything to say in response to the facts just read by the prosecutor?

(D) The facts are true in their entirety.

(J) Do you mean that you will accept conviction and punishment for the charged facts?

(D) Yes.

B. Defense Counsel's opinion

(J) What is your opinion, Defense Counsel?

(弁) 被告人の陳述と同様です。

ウ 即決裁判手続によって審判する旨の決定

(裁) 本件については，検察官から即決裁判手続の申立てがされています。被告人，弁護人は即決裁判手続によることについて同意しており，被告人は有罪である旨の陳述をしていますので，本件を即決裁判手続によって審判することとします。

エ 証拠調べ請求等

(裁) では，証拠調べに入ります。検察官，証拠調べ請求をお願いします。

(検) 本件公訴事実を立証するため，証拠等関係カード(甲)(乙)記載の各証拠の取調べを請求します。

(裁) 弁護人，いかがですか。

(弁) いずれも，証拠とすることに異議はありません。

18 論告

(裁) 検察官，御意見を伺います。

検察官がこの事件に対する意見を述べますので，被告人は聞いていてください。

(検) それでは論告いたします。

・ まず，事実についてですが，本件公訴事実は，当公判廷で取り調べられた関係各証拠によって証明十分と思料します。

・ 情状について申し上げます。本件は，被告人が，金を稼ぐ目的で，当初から不法に残留することを予定して入国し，2年余りにわたって不法に残留

(DC) I agree with the defendant.

C. Ruling to hear the case through the expedited trial procedure

(J) The prosecutor has petitioned that this case should be processed through the expedited trial procedure. As the defendant and his/her defense counsel have consented to this and the defendant has entered a guilty plea, the court decides to hear this case through the expedited trial procedure.

D. Request for examination of evidence, etc.

(J) Now, the court moves on to the examination of evidence. Prosecutor, please make a request for examination of evidence.

(P) To prove the facts charged in this case, I request the court to admit the evidence listed in the Evidence Card(s), A and B.

(J) Defense counsel, do you have any objections?

(DC) No, your honor, we consent to all of the evidence as admissible.

18. Closing argument

(J) Prosecutor, please make your closing argument.
Defendant, please listen to the prosecutor's closing argument.

(P) We would like to make the closing argument.

・To begin with, concerning the facts in this case, we are convinced that the facts constituting the crime charged in this case have been sufficiently proven by the evidence that has been examined in this court.

・Concerning the circumstances surrounding this case, the defendant entered Japan for the purpose of earning money, planned from the beginning to stay in this country beyond the period of time allowed under

　　　　　した事案であり，その残留期間の長さなどを考え
　　　　　ると，被告人の刑事責任は重大であります。
　　　　・　求刑ですが，以上諸般の事情を考慮し，相当法
　　　　　条適用の上，被告人を，懲役1年6月に処するの
　　　　　を相当と思料します。
　　19　被害者参加人の弁論としての意見陳述
　　（事前に被害者参加人からの申出がされ，これが許可されている場合）
　　（裁）　では，弁論としての意見陳述をお願いします。
　　（参）　この事件の被害者参加人として，私の意見を述べます。
　　　　・　被告人は，何の関係もない私に対し，いきなり
　　　　　言い掛かりをつけ，その後，急に殴りかかってき
　　　　　ました。
　　　　・　このため，私は1か月もの入院を余儀なくされ
　　　　　るほどの重傷を負いました。入院中は身体の自由
　　　　　が利かず，本当につらい思いをしました。
　　　　・　被告人は，私にも落ち度があるなどといって謝
　　　　　罪すら行わず，また，慰謝料はおろか，入院費用
　　　　　さえも支払っていません。
　　　　・　このような被告人のことは，どうしても許せま
　　　　　せん。私は，被告人を懲役4年の刑にしてほしい
　　　　　と思います。
　　20　弁護人の弁論
　　（裁）　弁護人の御意見を伺います。

his/her status of residence, and stayed here unlawfully for more than two years. Considering the length of his/her unlawful stay, the defendant's criminal responsibility is heavy indeed.
- In light of the above circumstances, applying the relevant laws, we consider imposing a sentence of one year and six months imprisonment with work to be appropriate in this case.

19. Statement of opinions by the victim who participates in the proceedings

(Where the victim has filed an application and been given permission for participation in the proceedings)

(J)　　Please state your opinion.

(VP)　　I state my opinion as a victim of this case.
- The defendant abruptly picked a quarrel with me for no reason, and then attacked me all of a sudden.
- From his/her attack, I was seriously injured and forced to be hospitalized for as long as one month. During this period, I went through a hard time because I was unable to move around.
- The defendant even refused to apologize, arguing that there was also fault on my part, and he/she has not paid my hospital expenses, let alone any consolation money.
- I can never forgive the defendant. I want him/her to be punished by imprisonment with work for four years.

20. Defense Counsel's closing argument

(J)　　Defense Counsel, please make your closing argument.

（弁）　では，被告人のため，弁論いたします。
(1) 出入国管理及び難民認定法違反（自白事件）の例
- 本件公訴事実に関しては，被告人は当公判廷においてもこれを素直に認めており，弁護人としてもこれに対し特段異議をとどめるべき点はございません。
- 被告人も当公判廷で供述したとおり，本件は弁解の余地のない違法行為であり，被告人自身，長期にわたる不法残留については十分反省し，国外に退去した後は2度と日本には来ないと供述しており，今後2度とこのような違法行為を繰り返さないことを誓っているものです。
- 被告人の残留目的は，就労であり，それ以外の不法な目的を有していたものではありません。
- 現に，来日してから逮捕されるまでの間は，まじめに稼働しており，本件以外の犯罪を犯したこともなく，前科前歴はありません。
- 被告人は今回，逮捕，勾留，起訴という厳しい処分を受け，既に相当の期間の身柄拘束処分を受けており，十分な社会的，経済的制裁を受けています。
- 以上の事情を併せ考慮されて，被告人に是非とも自力更生，再起の機会を与えていただきたく，執行猶予の寛大な判決を下されるよう，切にお願いする次第です。

(2) 窃盗（否認事件）の例
- 被告人は，指輪を買うつもりだったのであり，窃盗

(DC) I would like to make the closing argument for the defendant.

(1) The example of a case of violation of the Immigration Control and Refugee Recognition Act (where the defendant admits his/her guilt)

- Since the defendant has honestly admitted before this court the facts constituting the crime charged in this case, I, as his/her defense counsel, have no particular points of rebuttal regarding the facts.
- As the defendant has said before this trial court, he/she is in clear violation of the immigration law and now regrets his/her long unlawful stay in this country. The defendant has stated that once deported, he/she will never come back to Japan, and has promised that he/she will never again violate this law in Japan.
- The defendant's purpose for his/her unlawful stay in Japan was to find employment. He/She had no other illegal purpose.
- From the day of his/her arrival in Japan until his/her arrest, the defendant worked hard and violated no laws beside this case. He/she has no criminal record or arrest record.
- In this case, the defendant has been subject to such severe proceedings as arrest, detention and prosecution. He/She has already been in custody for a fair amount of time, and thus he/she has been thoroughly sanctioned socially and economically.
- In light of such circumstances, we sincerely ask the court to allow the defendant an opportunity to rehabilitate himself/herself within the community and start his/her life anew, by granting him/her suspension of execution of sentence.

(2) The example of a case of theft (where the defendant denies his/her guilt)

- The defendant intended to purchase the ring in

の故意はなく,無罪です。このことは証拠によって認められる次の事実から明らかであります。

(中略)

・ 以上のことから,被告人には窃盗の故意がなく,無罪であります。

21 被告人の最終陳述

(裁) これで審理を終わりますが,最後に何か言っておきたいことはありますか。

(被) ・ 申し訳ないことをしたと思います。

・ 私は盗むつもりはありませんでした。早く自分の国へ帰らせてください。

22 公判期日の告知

(1) 次回公判期日の告知

(裁) 次回公判期日は,平成〇〇年11月8日午前10時30分と指定します。

(2) 判決言渡期日の告知

(裁) それでは,判決は平成〇〇年12月6日午後1時にこの法廷で言い渡します。

23 判決宣告

(裁) 被告人に対する〇〇被告事件の判決を言い渡します。

(判決主文の例については,第3章及び第4章参照)

理由・ 当裁判所が証拠により認定した罪となるべき事実(犯罪事実)の要旨は次のとおりである。

・ そこで,所定の法条(法律)を適用して,

question, had no intention of stealing it, and is therefore not guilty of theft. This is clear according to the following facts supported by the evidence.
· Given these facts, the defendant did not intend to commit theft and thus, he/she is not guilty.

21. Defendant's final statement
(J) The trial will soon end. Is there anything you wish to say about this case?
(D) · I am very sorry for what I have done.
· I did not intend to steal anything. Please let me return to my country soon.

22. Notice of trial date
(1) Notice of next trial date
(J) The court assigns November 8, XXXX, 10 : 30 a.m. as the next trial date.
(2) Notice of date of rendition of judgment
(J) Judgment will be rendered on December 6, XXXX at 1 : 00 p.m. in the present courtroom.

23. Pronunciation of judgment
(J) Now the judgment is going to be pronounced on the charge of the ____ Criminal Case against the defendant. (See Chapters III and IV for examples of the main text of judgment.)
Reasons for judgment :
· The summary of the criminal facts, the facts constituting the crime found by this court on the basis of the evidence is as follows :
· Therefore, applying the relevant laws to what this court found, the judgment has been pronounced as stated in

主文のとおり判決する。

・ 刑を定めるに当たって考慮した事情は以下のとおりである。

（判決理由の例については，第5章及び第6章参照）

24　執行猶予の説明

(1) 身柄拘束中の被告人の執行猶予

（裁）　刑事裁判の手続としては，釈放されます。今後○年間のうちに日本で罪を犯さなければ，刑務所に入らなくてもよくなります。しかし，この○年間のうちに日本で罪を犯してまた刑に処せられることがあると，この執行猶予は取り消されます。そうなると，今回の懲役○年の刑を実際に受けなければならなくなります。もちろん，その場合には新たに犯した罪の刑も受けます。そういうことのないように，十分注意してください。

(2) 既に不法残留になっている被告人の執行猶予

（裁）　なお，被告人の場合は既に在留期間が経過していますから，この判決の後間もなく，入国管理局において被告人を本国に送還する手続がなされると思います。したがって，結局，送還後○年間日本に来て犯罪を犯さなければ，今回の刑を受けることはないということになります。

25　未決勾留日数の説明

（裁）　被告人はこれまで相当期間勾留されていますから，

the main text.

- Factors taken into consideration in determining the type and extent of punishment to be meted are as follows. (See Chapters V and VI for examples of the reasons for judgment.)

24. Explaining of suspension of execution of sentence

(1) Suspension of execution of sentence for a defendant under detention

(J)　In accordance with the criminal procedure, you will be released. You will not be imprisoned as long as you do not violate the laws in Japan for the coming ____ years. However, if you commit any crime and are sentenced for it during that period, the suspended execution of the sentence will be revoked and you will be subject to imprisonment with work for ____ year(s) as ordered by this court, in addition to serving the sentence rendered against you for the possible new crime. Take due care not to realize such a situation.

(2) Suspension of execution of sentence for a defendant who has already unlawfully stayed in Japan

(J)　Your legal period of stay has already expired. Soon after this judgment, you will most likely be subject to deportation procedures by the Immigration Bureau. Therefore, you will not actually be imprisoned for the present crime as long as for ____ years after deportation you do not commit any crime in Japan upon your return.

25. Inclusion of the days spent in pre-sentencing detention into the term of sentence imposed

(J)　You have been detained for a fair amount of time. Of the

そのうちの〇日間は既に刑の執行を受け終わったものとします。したがって，言い渡した〇年〇か月の刑から実際には〇日間が差し引かれることになります。

26 保護観察の説明

（裁）保護観察というのは，国の機関である保護観察所の保護観察官の指導監督によって，被告人が再び間違いを起こすことのないように手助けする制度です。普通は毎月1回以上保護観察所に所属する保護観察官のもとにいる保護司という人と会って，被告人の日ごろの生活について指導を受けることになります。

この判決の確定後，速やかに，保護観察所に出頭して保護観察所の説明を受けてください。保護観察所では，守らなければならない事項について指示されますが，もし，この遵守事項を守らない場合には，この刑の執行猶予を取り消されることがあります。また，再び犯罪を犯して禁錮以上の刑に処せられた場合には法律上執行猶予を付けることができないので，そのようなことのないよう十分注意してください。

27 上訴権の告知

（裁）この判決に不服がある場合には，控訴〈上告〉の申立てをすることができます。その場合には，明日から14日以内に〇〇高等裁判所〈最高裁判所〉あての控訴〈上告〉申立書をこの裁判所に差し出してください。

第3章 第一審における判決主文の例

1 有罪の場合

number of days of pre-sentencing detention, _____ days are judged to be deemed as the period of execution of the imprisonment. Therefore, the prison term of _____ year(s) _____ month(s) pronounced in sentencing will be reduced by _____ days.

26. Explaining of probation

(J)   Probation assists the offender in the rehabilitation process under the supervision of government probation officers assigned to the probation office. An offender is usually required to report to a volunteer probation officer under the supervision of a government probation officer several times a month to be given instructions on his/her daily life.

As soon as this judgment becomes final and binding, report to the government probation office to receive the instructions that you are required to follow. If you fail to follow the instructions, the suspension of execution of sentence is subject to revocation. Moreover, you would be ineligible for a grant of suspension of execution of sentence if you commit another crime and are sentenced to imprisonment without work or sentenced to a more severe punishment. Therefore, I advise you to remain on good behavior.

27. Notice of the right of appeal

(J)   If you are dissatisfied with this judgment, you have the right to file an appeal to the court of second instance (*Koso* appeal) 〈file a final appeal (*Jokoku*) appeal〉. If you choose to appeal, you are advised to write a petition for appeal 〈final appeal〉 addressed to the _____ High Court 〈the Supreme Court〉 and submit it to this court within a period of 14 days beginning tomorrow.

III. Examples of the Main Text of Judgment in the Court of First Instance

1. Guilty judgment

(1) 主刑
　ア　基本型
　　　・　被告人を懲役〈禁錮〉1年に処する。
　　　・　被告人を罰金20万円に処する。
　　　・　被告人を拘留10日に処する。
　イ　少年に不定期刑を言い渡す場合
　　　被告人を懲役1年以上2年以下に処する。
　ウ　併科の場合
　　　被告人を懲役1年及び罰金20万円に処する。
　エ　主文が2つになる場合
　　　被告人を判示第1の罪について懲役1年に，判示第2の罪について懲役2年に処する。
(2) 未決勾留日数の算入
　ア　基本型
　　　未決勾留日数中30日をその刑に算入する。
　イ　本刑が数個ある場合
　　　未決勾留日数中30日を判示第1の罪の刑に算入する。
　ウ　本刑が罰金・科料の場合
　　　未決勾留日数中30日を，その1日を金5000円に換算して，その刑に算入する。
　エ　刑期・金額の全部に算入する場合
　　　・　未決勾留日数中，その刑期に満つるまでの分をその刑に算入する。
　　　・　未決勾留日数中，その1日を金5000円に換算してその罰金額に満つるまでの分を，その刑に算入

(1) Principal punishment
   A. Standard
   - The defendant is hereby sentenced to one year imprisonment with work ⟨or without work⟩.
   - The defendant is hereby sentenced to a fine of 200,000 yen.
   - The defendant is hereby sentenced to 10 days misdemeanor imprisonment without work.
   B. Indeterminate sentence for a juvenile defendant
   The defendant is hereby sentenced to imprisonment with work for not less than one year but not more than two years.
   C. Cumulative imposition of imprisonment and fine
   The defendant is hereby sentenced to both one year imprisonment with work and a fine of 200,000 yen.
   D. Separate sentences
   The defendant is hereby sentenced to one year imprisonment with work for the first offense and two years imprisonment with work for the second offense.
(2) Inclusion of the days spent in pre-sentencing detention into the term of sentence imposed
   A. Standard
   Of the total number of days spent in pre-sentencing detention, 30 days shall be deducted from the said period of imprisonment.
   B. Separate sentences
   Of the total number of days spent in pre-sentencing detention, 30 days shall be deducted from the period of imprisonment for the first offense.
   C. Case where the principal punishment is a fine or minor fine
   Of the total number of days spent in pre-sentencing detention, an equivalent of 30 days, with each day converted into 5,000 yen, shall be deducted from the amount of the fine.
   D. Deduction of part of the number of days spent in pre-sentencing detention, so as to set off the whole period of imprisonment or the total amount of the fine
   - A part of the total number of the days spent in pre-sentencing detention shall be deducted from said period of imprisonment so as to set off the whole period of imprisonment.
   - Of the total number of the days spent in pre-sentencing detention, an equivalent of the days,

する。
- (3) 労役場留置
    - ア 基本型

        その罰金を完納することができないときは，金5000円を1日に換算した期間被告人を労役場に留置する。
    - イ 端数の出る場合

        その罰金を完納することができないときは，金6000円を1日に換算した期間（端数は1日に換算する。）被告人を労役場に留置する。
- (4) 刑の執行猶予

    この裁判が確定した日から3年間その刑の執行を猶予する。
- (5) 保護観察

    被告人をその猶予の期間中保護観察に付する。
- (6) 補導処分

    被告人を補導処分に付する。
- (7) 没収
    - ア 基本型

        押収してある短刀1本（平成〇〇年押第〇〇号の1）を没収する。
    - イ 偽造・変造部分の没収

        押収してある約束手形1通（平成〇〇年押第〇〇号の1）の偽造部分を没収する。
    - ウ 裁判所が押収していない物の没収

        〇〇地方検察庁で保管中の約束手形1通（平成〇〇年

with each day converted into 5,000 yen, shall be deducted from the amount of the fine so as to set off the whole amount of the fine.
(3) Detention in a workhouse in lieu of payment of fine
　A. Standard
　　　　If the defendant is unable to pay the full amount of said fine, he/she shall be detained in a workhouse for the equivalent number of days, as each unpaid 5,000 yen is converted into one day.
　B. Fractions
　　　　If the defendant is unable to pay the full amount of said fine, he/she shall be detained in a workhouse for the equivalent number of days, as each unpaid 6,000 yen is converted into one day, provided that every part or fraction of a day shall be equated to one whole day.
(4) Suspension of execution of sentence
　　　　The execution of said sentence shall be suspended for three (3) years from the day on which this sentence becomes final and binding.
(5) Probation
　　　　The defendant shall be placed under probation during said period of suspension of execution of the sentence.
(6) Correctional guidance
　　　　The defendant is hereby sentenced to undergo correctional guidance.
(7) Confiscation
　A. Standard
　　　　The short sword under seizure (Seized Article No. XX-1 of XXXX) shall be confiscated.
　B. Confiscation of forged or altered parts of documents
　　　　The forged part of the promissory note under seizure (Seized Article No. XX-1 of XXXX) shall be confiscated.
　C. Confiscation of an object not under court seizure
　　　　The promissory note in the custody of the District Public Prosecutors Office (＿＿＿ District

　　　　○地領第○○号の1)を没収する。
　　　エ　犯罪被害財産の没収
　　　　○○地方検察庁で保管中の現金800万円(平成○○年○地領第○○号の1,当該現金は犯罪被害財産)を没収する。
(8)　追徴
　　ア　基本型
　　　　被告人から金10万円を追徴する。
　　イ　犯罪被害財産の価額の追徴
　　　　被告人から金300万円(当該金300万円は犯罪被害財産の価額)を追徴する。
(9)　被害者還付
　　ア　基本型
　　　　押収してある本1冊(平成○○年押第○○号の1)を被害者Aに還付する。
　　イ　被害者不明の場合
　　　　押収してある本1冊(平成○○年押第○○号の1)を被害者(氏名不詳)に還付する。
　　ウ　被害者が死亡した場合
　　　　押収してある本1冊(平成○○年押第○○号の1)を被害者Aの相続人に還付する。
(10)　仮納付
　　　被告人に対し,仮にその罰金に相当する金額を納付すべきことを命ずる。
(11)　訴訟費用の負担

Public Prosecutors Office, Retained Article No. XX-1 of XXXX) shall be confiscated.

D. Confiscation of the assets generated from crime

The cash amounting to eight million yen in the custody of the ____ District Public Prosecutors Office (____District Public Prosecutors Office, Retained Article No. XX-1 of XXXX; regarded as assets generated from crime) shall be confiscated.

(8) Collection of equivalent value

A. Standard

In lieu of confiscation, the defendant shall pay 100,000 yen as an equivalent value of the article subject to confiscation.

B. Collection of equivalent value of the assets generated from crime

In lieu of confiscation, the defendant shall pay three million yen as an equivalent value of the assets generated from crime subject to confiscation.

(9) Return of the seized article to the victim

A. Standard

The book under seizure (Seized Article No. XX-1 of XXXX) shall be returned to Victim A.

B. Victim unknown

The book under seizure (Seized Article No. XX-1 of XXXX) shall be returned to the victim, whose name is currently unknown.

C. Deceased victim

The book under seizure (Seized Article No. XX-1 of XXXX) shall be returned to the heirs of Victim A.

(10) Provisional payment

The defendant is hereby ordered to provisionally pay the amount equivalent to said fine.

(11) Court costs

- 訴訟費用は被告人の負担とする。
- 訴訟費用は被告人両名の連帯負担とする。
- 訴訟費用は，その2分の1ずつを各被告人の負担とする。
- 訴訟費用のうち，証人Aに支給した分は被告人の負担とする。
- 訴訟費用中通訳人○○○○に支給した分を除き，その余の分は被告人の負担とする。

(12) 刑の執行の減軽又は免除
- その刑の執行を懲役1年に減軽する。
- 被告人を懲役1年に処し，その刑の執行を免除する。

(13) 刑の免除

被告人に対し刑を免除する。

2 無罪・一部無罪の場合

(1) 無罪

被告人は無罪。

(2) 一部無罪

本件公訴事実中詐欺の点については，被告人は無罪。

3 その他の場合

(1) 免訴

被告人を免訴する。

(2) 公訴棄却

本件公訴を棄却する。

(3) 管轄違い

本件は管轄違い。

- Court costs shall be paid by the defendant.
- The defendants shall be jointly and severally liable for the court costs.
- The court costs shall be paid by the defendants in equal shares.
- The amount paid to Witness A as part of the total court costs shall be borne by the defendant.
- The defendant is ordered to pay all court costs, except the costs incurred by Interpreter A.

(12) Mitigation or remission of execution of punishment
- The execution of said punishment is mitigated to one year imprisonment with work.
- The defendant is hereby sentenced to one year imprisonment with work and the execution of said punishment shall be remitted.

(13) Remission of punishment

The defendant is hereby granted remission of punishment.

2. Judgment of not guilty or not guilty for part of the charges

(1) Not guilty

The defendant is hereby pronounced not guilty.

(2) Not guilty for part of the charges

The defendant is hereby pronounced not guilty on the charge of fraud.

3. Other judgments

(1) Dismissal by reason of judicial bar

The defendant is hereby dismissed (for judicial bar).

(2) Dismissal of prosecution

The prosecution is hereby dismissed.

(3) Lack of jurisdiction

This case is not within the jurisdiction of this court.

第4章　控訴審における判決主文の例

1　控訴棄却・破棄

(1)　控訴棄却

- 本件控訴を棄却する。
- 本件各控訴を棄却する。
- 本件控訴中被告人〇〇に関する部分を棄却する。

(2)　破棄自判

- 原判決を破棄する。被告人を懲役〇年〇月に処する。
- 原判決中有罪部分を破棄する。被告人は無罪。
- 被告人らに対する各原判決を破棄する。被告人Aを懲役1年に，被告人Bを懲役6月にそれぞれ処する。
- 原判決中被告人〇〇に関する部分を破棄する。被告人〇〇を懲役3年に処する。

(3)　破棄差戻し

原判決を破棄する。本件を〇〇地方裁判所に差し戻す。

(4)　破棄移送

原判決を破棄する。本件を〇〇地方裁判所に移送する。

2　未決勾留日数の算入

- 当審における未決勾留日数中〇〇日を原判決の刑に算入する。
- 原審における未決勾留日数中〇〇日をその刑に算入する。

3　訴訟費用の負担

- 当審における訴訟費用中通訳人〇〇〇〇に支給した分を除き，その余の分は被告人の負担とする。

IV. Examples of the Main Text of Judgment in the Court of Second Instance

1. Dismissal of appeal to the court of second instance, reversal and remand

(1) Dismissal of appeal to the court of second instance
- The appeal is dismissed.
- All appeals in this case are dismissed.
- The appeal on the charge against Defendant ____ is dismissed.

(2) Reversal of the judgment in prior instance and rendering of own judgment by the court of second instance
- The judgment in prior instance is hereby reversed. The defendant is hereby sentenced to ____ year(s) and ____ month(s) of imprisonment with work.
- The guilty part in the judgment in prior instance is reversed. The defendant is hereby pronounced not guilty.
- The judgment in prior instance made against each of the defendants is reversed. Defendant A is hereby sentenced to one year of imprisonment with work. Defendant B is hereby sentenced to six months of imprisonment with work.
- The judgment in prior instance against Defendant ____ is reversed. Defendant ____ is hereby sentenced to three years of imprisonment with work.

(3) Reversal of the judgment in prior instance and remanding of the case back to the court of prior instance

The judgment in prior instance is reversed. The case is remanded to the ____ District Court.

(4) Reversal of the judgment in prior instance and transfer of the case to another court

The judgment in prior instance is reversed. The case will be transferred to the ____ District Court.

2. Inclusion of the days spent in pre-sentencing detention into the term of sentence imposed

- ____ days of the period that the defendant spent in pre-sentencing detention pending appellate trial shall be deducted from said period of imprisonment ordered by the judgment in prior instance.
- Of the total number of days spent in pre-sentencing detention pending trial in the court of prior instance, ____ days shall be deducted from said period of imprisonment.

3. Payment of court costs

- Court costs at this court, except the costs incurred by Interpreter A, shall be paid by the defendant.

・原審における訴訟費用中証人○○○○に支給した分は，被告人の負担とする。

第5章　第一審における判決理由
1　罪となるべき事実
(1)　不正作出支払用カード電磁的記録供用罪及び窃盗罪の例

「被告人は，A名義のキャッシュカードを構成する人の財産上の事務処理の用に供する電磁的記録を不正に作出して構成されたB名義のキャッシュカードの外観を有する不正電磁的記録カード1枚を使用して，金員を窃取しようと企て，平成○○年6月12日午前11時30分ころ，東京都杉並区西荻窪4丁目2番5号所在のC銀行西荻窪支店において，前後2回にわたり，人の財産上の事務処理を誤らせる目的で，上記カードを同所設置の現金自動預払機に挿入させて同カードの電磁的記録を読み取らせて同機を作動させ，同カードの電磁的記録を人の財産上の事務処理の用に供するとともに，同機からC銀行西荻窪支店長管理に係る現金50万円を引き出して窃取したものである。」

(2)　覚せい剤取締法違反罪の例

「被告人は，法定の除外事由がないのに，平成○○年4月5日午後6時30分ころ，山中市山田町3番6号の被告人方において，覚せい剤であるフェニルメチルアミノプロパン約0．04グラムを含有する水溶液0．25ミリリットルを自己の左腕に注射し，もって，覚せい剤を使用したものである。」

(3)　大麻取締法違反罪の例

- The amount paid to Witness A as part of the total court costs at the court of prior instance shall be paid by the defendant.

V. Reasons for Judgment in the Court of First Instance
1. Facts constituting the crime

(1) Example 1 : Putting into use the unlawfully created electromagnetic record encoded in a payment card, and theft of money

The defendant attempted to steal money using a card containing an unlawfully created electromagnetic record, which was made by creating without authorization an electromagnetic record that was supposed to be used for the administration of financial affairs by another person and encoded on the cash card issued under the name of A, but which appeared to belong to B. In such attempt, on June 12, XXXX, at approximately 11 : 30 a.m., at the Nishi-Ogikubo Branch of Bank C, located at 4-2-5 Nishi-Ogikubo, Suginami-ku, Tokyo, the defendant inserted said card twice into the card slot of the automated teller machine placed in that branch for the purpose of bringing about improper administration of financial affairs by another person, and made the machine function based on the electromagnetic record read from the card. The defendant thus put the electromagnetic record encoded on the card into use for the administration of financial affairs by another person, and withdrew from the machine 500,000 yen in cash that was under the control of the Nishi-Ogikubo Branch of Bank C and stole the money.

(2) Example 2 : Violation of the Stimulants Control Act

The defendant, in the absence of legal grounds for exceptional treatment, on April 5, XXXX, at approximately 6 : 30 p.m. at his/her residence at 3-6 Yamada-cho, Yamanaka City, injected 0.25 milliliter of water solution containing approximately 0.04 gram of phenyl-methyl-amino-propane, a Stimulant drug, into his/her left arm. The defendant thus used the stimulant drug.

(3) Example 3 : Violation of the Cannabis Control Act

「被告人は，みだりに，大麻を輸入しようと企て，大麻草７０．９４グラム（種子を含む）を自己の着用する両足靴下底にそれぞれ隠匿携帯した上，〇〇〇〇年５月３日（現地時間），Ａ国〇〇国際空港から〇〇航空０１７便の航空機に搭乗し，平成〇〇年５月４日午後零時３０分ころ千葉県成田市所在の成田国際空港に到着し，大麻を身につけたまま同航空機から本邦に上陸し，もって，本邦内に大麻を輸入したものである。」

(4) 麻薬及び向精神薬取締法違反罪の例

「被告人は，みだりに，平成〇〇年６月１０日午後６時ころ，東京都千代田区田中町３番１号の被告人方洋服ダンス内に麻薬である塩酸ジアセチルモルヒネの粉末約１０グラムを所持したものである。」

(5) 売春防止法違反罪の例

「被告人は，売春をする目的で，平成〇〇年１０月８日午後１１時２０分ころから同日午後１１時４５分ころまでの間，横浜市港北区新横浜２丁目５番１０号喫茶店「かおり」横付近から同区同町２丁目２番４号葵銀行新横浜支店前に至る間の路上をうろつき，あるいは立ち止まるなどし，もって，公衆の目にふれるような方法で客待ちをしたものである。」

(6) 強盗致死罪の例

「被告人は，遊興費欲しさとうっ憤晴らしのために，適当な相手を見つけて袋だたきにして所持金等を強取しようと考え，Ａ，Ｂと共謀の上，平成〇〇年１２月３日午前３

The defendant, without due cause, intending to import cannabis, boarded XX Airlines flight number 017 at _____ International Airport, in Country A, on May 3, XXXX (local time), concealing 70.94 grams of cannabis leaves, including seeds, in the soles of the socks he/she was wearing. Upon arrival at Narita International Airport, located in Narita City, Chiba Prefecture, on May 4, XXXX, at about 12 : 30 p.m., the defendant imported cannabis into this country by landing in this country and deplaning while carrying the cannabis with him/her.

(4) Example 4 : Violation of the Narcotics and Psychotropics Control Act

The defendant, without due cause, possessed 10 grams of diacetylmorphine hydrochloride, which is categorized as narcotics, in a wardrobe closet in his/her residence at 3-1 Tanaka-cho, Chiyoda-ku, Tokyo, at about 6 : 00 p.m. on June 10, XXXX.

(5) Example 5 : Violation of the Anti-Prostitution Act

On October 8, XXXX, between the hours of 11 : 20 p.m. and 11 : 45 p.m., the defendant loitered or halted with the intention of prostitution on the sidewalk between the "Kaori" coffee house, located at 2-5-10 Shin-Yokohama, Kouhoku-ku, Yokohama City, Kanagawa Prefecture, and the Shin-Yokohama Branch of the Aoi Bank, located at 2-2-4 Shin-Yokohama, thus the defendant waited for customers in a conspicuous manner in the public.

(6) Example 6 : Robbery causing death

The defendant thought of beating someone up and robbing him/her of his/her money or property in order to obtain cash for amusement expenses as well as to vent his/her own aggression. In conspiracy one another, the defendant, A, and B, on December 3, XXXX, at approximately 3 : 10 a.m., on the street around 14-1 Takahana-cho, Omiya-ku, Saitama City, assaulted C (20 years old at the time of the crime), who happened to be

時10分ころ,さいたま市大宮区高鼻町14番1号付近の路上において,たまたま通りかかったC(当時20歳)に対し,被告人,A,Bにおいてこもごも,その顔面,頭部,腹部等を多数回にわたってこぶしで殴り,力一杯蹴り付けるなどの暴行を加えた上,Aにおいて,抵抗できなくなったCからその所有する現金3万2000円くらいが入った財布1個を奪い取ったが,その際前記各暴行によって,Cに対し左側急性硬膜下血腫,脳挫傷,外傷性くも膜下血腫の傷害を負わせ,同月13日午後4時12分ころ,さいたま市大宮区盆栽町2丁目3番2号大宮病院において,それらの傷害により同人を死亡させたものである。」

(7) 自動車運転過失傷害罪の例

「被告人は,平成〇〇年9月12日午前9時30分ころ,普通乗用自動車を運転し,東京都武蔵野市吉祥寺東町31番地付近道路先の左方に湾曲した道路を荻窪方面から三鷹方面に向かい時速約50キロメートルで進行していた。こういった場合,自動車運転者としては前方を注視し,ハンドル操作を正しく行って進路を適正に保って進行すべき自動車運転上の注意義務がある。しかしながら,被告人は足元に落とした地図を拾うのに気を奪われたためこの注意義務に違反して,前方注視を欠き,ハンドルから一瞬手を離したまま,時速約50キロメートルで進行するという過失を犯した。このため,車は対向車線に進入して,対面進行してきたA運転の大型貨物自動車の右側面に衝突した上,その衝撃で更に前方に進出して,A運転車両の後方から進

passing by the place, by punching him/her with their fists and kicking him/her with all their might many times in the face, head and stomach and other parts of his/her body. A deprived C, who could no longer resist, of one (1) wallet in his/her possession containing about 32,000 yen in cash. The defendant, A, and B, as a result of the abovementioned assaults, inflicted upon C acute left subdural hematoma, brain contusion, and traumatic subarachnoid hematoma, and thus caused his/her death on December 13, XXXX, at approximately 4 : 12 p.m. at Omiya Hospital, located at 2-3-2 Bonsai-cho, Omiya-ku, Saitama City.

(7) Example 7 : Negligent driving causing injury

On September 12, XXXX, at about 9 : 30 a.m., the defendant was driving an ordinary passenger car at a speed of approximately 50 kilometers per hour on the road curving to the left in the vicinity of 31 Kichijoji Higashi-cho, Musashino City, Tokyo, in the direction from Ogikubo to Mitaka. In this given situation, the defendant, as a driver, had the duty of careful driving, that is, to watch carefully ahead, operate rightly the steering wheel, and keep adequately on course. However, the defendant, violating the duty of care and being occupied in an attempt to pick up a street map which had fell on the floor, proceeded at 50 kilometers per hour, without carefully looking ahead, letting go of the steering wheel for an instant. Due to such negligence on the part of the defendant, his/her car entered the opposite lane, collided with a large delivery truck coming from the opposite direction, driven by A, at its right side body, then proceeded further ahead from the shock of the collision

行してきたB(当時55歳)運転の普通貨物自動車の右前部に衝突した。その結果,Bに加療約200日間を要する右股関節脱臼骨折の傷害を負わせたものである。」

(8) 傷害罪の例

「被告人は,平成○○年9月2日午後1時5分ころ,横浜市港南区日野南3丁目6番17号先路上で,通行中のA(当時62歳)に「おまえ,どこを歩いとるんじゃ。」などと因縁をつけ,こぶしでその顔を2回殴って転倒させ,その上に馬乗りになって更にその顔をこぶしで数回殴った。この暴行により,Aに約5日間の加療を要する右肘部挫滅傷,顔面挫滅傷の傷害を負わせたものである。」

(9) 詐欺罪の例

「被告人は,不正に入手した平和カード株式会社発行のA名義のクレジットカードを使用してその加盟店から商品をだまし取ろうと企て,平成○○年4月5日午前11時15分ころ,東京都中央区中村町3番先中村ショッピングセンター1階株式会社中村銀座店において,同店店長Bに対し,代金支払の意思及び能力がないのに,自己がクレジットカードの正当な使用権限を有するAであって,クレジットカードシステムによって代金の支払をするもののように装い,前記クレジットカードを提示してスーツ等3点の購入を申し込み,前記Bをしてその旨誤信させ,よって即時同所において,同人からスーツ等3点(価格合計7万3700円相当)の交付を受けてこれをだまし取ったものである。」

and collided with another delivery truck driven by B (55 years old at the time), which was following A's truck, at the right part of the front body. As a result, the defendant inflicted upon B an injury of dislocation and fracture of the right hip joint, requiring approximately 200 days of medical treatment.

(8) Example 8 : Injury

The defendant, on September 2, XXXX, at approximately 1 : 05 p.m., on the street around 3-6-17 Hino-Minami, Konan-ku, Yokohama City, unjustly accused A (62 years old at the time of the crime) who happened to be passing by the place, saying, "Watch where you're walking, buddy !," punched him/her two (2) times with his/her fist in the face, and knocked A to the ground. The defendant then sat astride A and punched him/her several more times in the face. From the abovementioned assaults, the defendant caused C to suffer injuries of a contusion on his/her right elbow and face, which required five (5) days of medical treatment.

(9) Example 9 : Fraud

The defendant, after illegally obtaining a credit card issued under the name of A by Heiwa Card Inc., planned to defraud one of the credit card member stores of its goods by illegally using the credit card. The defendant, on April 5, XXXX, at approximately 11 : 15 a.m., at the Ginza Store of Nakamura, Inc., on the first floor of the Nakamura Shopping Center, located around 3 Nakamura-cho, Chuo-ku, Tokyo, pretending that he/she was A who had the authority to use the card and would pay the charges through the card system despite the lack of such will or authority to pay, presented the card and made an offer to B, the store manager of the store, to purchase three (3) items including a suit. The defendant received the items (valued at about 73,700 yen in total), at said time and place, from B who erroneously believed that the defendant was A and would pay the charges through the card system. The defendant thus defrauded the store of its goods.

(10) 殺人罪の例（確定的故意の場合）

「被告人は，A（当時62歳）に雇われ，東京都江東区山中町5丁目2番4号所在の同人方に住み込んでいたものであるが，被告人が通行人に罵声を浴びせたのを前記Aから叱責されて口論のあげく激高し，とっさに，同人を殺害しようと決意し，平成〇〇年3月8日午後7時ころ，同人方6畳間の押し入れの中から刃体の長さ13センチメートルのくり小刀を持ち出して携え，同所において，左手で前記Aの襟首をつかんで引き寄せながら，右手に持っていた前記くり小刀で同人の左胸部を突き刺し，同人がその場から逃げ出すや，追跡して同人方前路上でこれに追い付き，同所において，更に前記くり小刀で同人の左背部を突き刺し，よって，同人をして心臓刺切に基づく失血により即死させて殺害したものである。」

(11) 殺人罪の例（未必的故意の場合）

「被告人は，かねて，東京都千代田区山中2丁目8番9号所在のスナック「隼」の店員A（当時30歳）から軽蔑の目でみられていることに憤まんの情を抱いていたところ，平成〇〇年8月7日午後1時30分ころ，前記「隼」において，客として，前記Aにビールを注文したにもかかわらず，同人から「今日は帰れ。」と断られた上，刺身包丁を示され，「刺すなら刺してみろ。」と言われ，小心者と馬鹿にされたものと激高し酒の酔いも加わった勢いから，とっさに，同人が死亡する危険性が高い行為と分かっていながら，持ち合わせていた登山用ナイフ（刃体の長さ10セ

(10) Example 10 : Homicide (with a definite intent)

The defendant, who was employed by and lived with A (62 years old at the time) at A's residence, located at 5-2-4 Yamanaka-cho, Koto-ku, Tokyo, quarreled with A after being reproached by him/her for yelling at a passerby, became outraged and immediately decided to kill A. The defendant, at about 7 : 00 p.m. on March 8, XXXX, in the six-mat room of A's residence, took a knife with a 13-centimeter-long blade out of a closet and held it in his right hand, seized A by the shirt collar with his left hand and stabbed A in the left-upper chest with the knife. When A attempted to run for his life, the defendant chased and overtook him/her on the road in front of the residence, stabbed A again, this time in the left-upper back. As a result, A instantly died from excessive bleeding due to puncture wounds to the heart. The defendant thus killed A.

(11) Example 11 : Homicide (Dolus eventualis)

The defendant harbored resentment toward A (30 years old at the time), an employee of a bar named "Hayabusa," located at 2-8-9 Yamanaka, Chiyoda-ku, Tokyo, as the defendant was being looked down upon by A. When the defendant visited "Hayabusa" as a customer at about 1 : 30 p.m. on August 7, XXXX, A refused to serve a bottle of beer that defendant ordered, said to him, "Go home for today," and later thrust a fish knife in front of him, saying, "Stab me if you can." The defendant, indignant at being ridiculed for his timidity and, under the influence of alcohol, knowing that his act was highly likely to cause A to die, dared to stab A in the right side of his stomach with the defendant's mountain climbing knife with a

ンチメートル）で，同人の右下腹部を1回突き刺し，よって同月8日午前2時5分ころ，同区北川5丁目8番8号田中病院において同人を右腎等刺切による失血のため死亡させ，もって，同人を殺害したものである。」

(12) 銃砲刀剣類所持等取締法違反罪の例

「被告人は，法定の除外事由がないのに，平成〇〇年6月7日午後7時ころ，横浜市田中町1丁目2番3号付近路上に停車していた自己所有の普通乗用自動車内において，回転弾倉式けん銃1丁をこれに適合する実砲19発と共に保管して所持したものである。」

(13) 出入国管理及び難民認定法違反罪の例

「被告人は，〇〇国国籍を有する外国人であり，平成〇〇年3月10日，同国政府発行の旅券を所持して，千葉県成田市所在の成田国際空港に上陸し，我が国に入国したが，在留期間が平成〇〇年4月10日までであったのに，その日までに在留期間の更新又は変更を受けないで我が国から出国せず，平成〇〇年5月11日まで，神奈川県大和市大和町2丁目149番地に居住し，もって，在留期間を経過して不法に本邦に残留したものである。」

(14) 窃盗罪（万引）の例

「被告人両名は，共謀の上，平成〇〇年3月4日午後零時45分ころ，東京都豊島区北山町1番2号株式会社北山池袋店において，同店店長A管理のシャープペンシル38本など合計84点（定価合計3万0850円相当）を窃取したものである。」

blade 10 centimeters long, thereby causing A to die from excessive bleeding due to puncture wounds of his right kidney at Tanaka Hospital, located at 5-8-8 Kitagawa, Chiyoda-ku, at about 2 : 05 a.m., August 8, XXXX. The defendant thus killed A.

(12) Example 12 : Violation of the Act for Controlling the Possession of Firearms or Swords and Other Such Weapons (Firearms and Swords Control Act)

On June 7, XXXX, at approximately 7 : 00 p.m., the defendant, in the absence of legal grounds for exceptional treatment, possessed one revolver together with nineteen live cartridges, ammunition suitable for said revolver, by way of keeping them in his/her own ordinary passenger car parked on the street in the vicinity of 1-2-3 Tanaka-cho, Yokohama City.

(13) Example 13 : Violation of the Immigration Control and Refugee Recognition Act

The defendant, who is a foreigner with a nationality of Country _____ , while carrying his/her passport issued by the Government of _____ , landed at Narita International Airport, located in Narita City, Chiba Prefecture, and entered Japan on March 10, XXXX. While he/she was allowed to stay in Japan until April 10, XXXX, he/she did not have the period extended or changed, nor depart Japan by that date. The defendant thus stayed at 2-149 Yamato-cho, Yamato City, Kanagawa Prefecture, until May 11, XXXX, and accordingly he/she unlawfully overstayed in Japan exceeding the period allowed.

(14) Example 14 : Theft (Shoplifting)

The two defendants, after conspiring with each other, on March 4, XXXX, at approximately 12 : 45 p.m., at the Ikebukuro store of Kitayama, Inc., located at 1-2 Kitayama-cho, Toshima-ku, Tokyo, stole a total of 84 items that were under the control of A, the manager of the store, (priced at 30,850 yen in total) including 38 mechanical pencils.

(15) 窃盗罪（すり）の例

「被告人両名は，共謀の上，平成〇〇年3月4日午後4時54分ころ，東京都台東区山下町1番2号付近路上で，被告人Ｘにおいて，通行中のＡ（当時30歳）が右肩に掛けていたショルダーバッグ内から，同人所有の現金4万3759円及びキャッシュカード等6点在中の札入れ1個（時価約1万円相当）を抜き取って，これを窃取したものである。」

(16) 教唆の例（窃盗）

「被告人は，平成〇〇年3月4日午後2時ころ，東京都千代田区北山町3番6号Ａ方前路上において，Ｘに対し，「明日はこの家は留守になる。裏の戸はいつも開いているから，何か金目のものを取ってこい。」と申し向けて前記Ａ方から金品を窃取するようにそそのかし，Ｘをしてその旨決意させ，よって，同月5日午後3時ころ，前記Ａ方において，同人所有の腕時計1個（時価20万円相当）を窃取するに至らせ，もって，窃盗の教唆をしたものである。」

(17) 幇助の例（窃盗）

「被告人は，Ｘが，平成〇〇年3月4日午後3時ころ，東京都千代田区北山町3番6号Ａ方において腕時計1個（時価20万円相当）を窃取するに際し，Ａ方前路上でＸのため，見張りをし，もって，同人の犯行を容易ならしめてこれを幇助したものである。」

2 証拠の標目

判示第1の事実について

(15) Example 15 : Theft (Pickpocketing)

　　　　　The two defendants, after conspiring with each other, on March 4, XXXX, at approximately 4 : 54 p.m., on the street around 1-2 Yamashita-cho, Taito-ku, Tokyo, stole property of A (30 years old at the time) who happened to be passing by the place, in the manner that the defendant X stole out of the shoulder bag hanging from A's right shoulder, one (1) wallet (valued at 10,000 yen), containing 43,759 yen in cash and six (6) items including a cash card, all owned by A.

(16) Example 16 : Inducement of theft

　　　　　The defendant, on the road in front of A's residence, located at 3-6 Kitayama-cho, Chiyoda-ku, Tokyo, at about 2 : 00 p.m., March 4, XXXX, induced X to steal money and property from A's residence, by stating, "All the people in this house will be out tomorrow. The backdoor is always open. Go and steal some money or valuables." The defendant thus made X decide to steal, thereby actually having him/her steal one (1) wristwatch (valued at 200,000 yen) owned by A at A's residence at about 3 : 00 p.m. on March 5, XXXX. Thus, the defendant induced X to commit theft.

(17) Example 17 : Accessoryship for theft

　　　　　When X stole one (1) wristwatch (worth 200,000 yen) from A's residence, located at 3-6 Kitayama-cho, Chiyoda-ku, Tokyo, at about 3 : 00 p.m., March 4, XXXX, the defendant kept watch for X on the road in front of A's residence, thereby assisting X in committing theft.

2. List of Evidence

　　　　　Regarding the first part of the facts

- 被告人の当公判廷における供述
- 被告人の検察官に対する平成〇〇年2月15日付け供述調書
- 証人Aの当公判廷における供述
- Bの検察官に対する供述調書
- Cの司法警察員に対する供述調書（謄本）
- D作成の被害届
- 司法警察員作成の実況見分調書
- 司法巡査作成の平成〇〇年1月22日付け捜査報告書
- 鑑定人E作成の鑑定書
- 押収してある覚せい剤1袋（平成〇〇年押第〇〇号の1）
- 〇〇地方検察庁で保管中のけん銃1丁（平成〇〇年〇地領第〇〇号の1）
- 分離前の相被告人Yの当公判廷における供述
- 第3回公判調書中の証人Aの供述部分
- 証人Cに対する当裁判所の尋問調書
- 証人Dに対する受命裁判官の尋問調書
- 当裁判所の検証調書
- 医師F作成の診断書

3 累犯前科

「被告人は，平成〇〇年3月26日〇〇簡易裁判所で窃盗罪により懲役8月に処せられ，平成〇〇年11月26日その刑の執行を受け終わったものであって，この事実は検察事務官作成の前科調書によってこれを認める。」

- Statement of the defendant at trial
- Written statement of the defendant dated February 15, XXXX, given before the public prosecutor
- Testimony of Witness A at trial
- Written statement of B given before the public prosecutor
- Written statement of C given before the judicial police officer (copy)
- Victim's report completed by D
- On-site inspection report completed by the judicial police officer
- Investigative report dated January 22, XXXX, completed by the judicial police constable
- Written expert opinion completed by Expert Witness E
- One plastic bag of a stimulant drug seized by this court (Seized Article No. XX-1 of XXXX)
- One handgun (Retained Article No. XX-1 of XXXX) kept in custody at the ____ District Prosecutors Office
- Statement of Codefendant Y at this court, made before separation of proceedings
- Recorded testimony of A in the 3rd trial record
- Recorded testimony of C in the examination before this court
- Recorded testimony of D in the examination before the authorized judge
- Record of inspection by this court
- Medical report completed by Physician F

3. **Previous criminal record which will raise the maximum prescribed penalty**

According to the criminal record of the defendant prepared by the public prosecutor's assistant officer, the court finds that the defendant was sentenced by the ____ Summary Court to eight months imprisonment with work for theft on March 26, XXXX, and completed the prison term on November 26, XXXX.

4 確定判決

「被告人は,平成〇〇年3月10日〇〇地方裁判所で傷害罪により懲役1年に処せられ,その裁判は同月25日確定したものであって,この事実は検察事務官作成の前科調書によってこれを認める。」

5 法令の適用

「被告人の判示所為は刑法199条に該当するところ,所定刑中有期懲役刑を選択し,その刑期の範囲内で被告人を懲役8年に処し,同法21条を適用して未決勾留日数中120日をその刑に算入し,押収してある刺身包丁1本(平成〇〇年押第〇〇号の1)は判示犯行の用に供した物で被告人以外の者に属しないから,同法19条1項2号,2項本文を適用してこれを没収し,訴訟費用は,刑事訴訟法181条1項ただし書を適用して被告人に負担させないこととする。」

6 量刑の理由

出入国管理及び難民認定法違反の例

- 本件は,Y国国民である被告人が,定められた在留期間を越えて不法に我が国に残留したという事案である。
- 被告人が我が国に不法に残留した期間が2年余りの長期であることなどに照らすと,被告人の刑事責任は重い。
- 他方で,被告人は,本件犯行について反省の態度を示し,今後は,本国に帰って,まじめな生活を送りながら,立ち直っていくことを誓っていること,被告人と生活を共にしていた婚約者が,被告人の本国で被告人と結婚して共に生活する気持ちでおり,被告人に対する寛大な処

4. **Judgment which already became final and binding**

　　According to the criminal record of the defendant prepared by the public prosecutor's assistant officer, the court finds that the defendant was sentenced by the ____ District Court to one year imprisonment with work for injury on March 10, XXXX, and the judgment became final and binding on March 25, XXXX.

5. **Application of legal provisions**

　　The act of the defendant that this court found comes under Article 199 of the Penal Code. After choosing imprisonment with work for a definite term among the types of punishments provided by the Article, the court sentenced the defendant to eight (8) years imprisonment with work within the period provided by said Article. Applying Article 21 of the Penal Code, 120 days of pre-sentencing detention shall be deducted from the term of said punishment. The seized kitchen knife (Seized Article No. XX-1 of XXXX), which the defendant used to commit the offense and belonged to no one other than the defendant, shall be confiscated under Article 19, paragraph (1), item 2 of the Penal Code and the main clause of paragraph (2) of the same Article. The defendant shall be exempt from payment of the court costs under the proviso clause of Article 181, paragraph (1) of the Code of Criminal Procedure.

6. **Reasons for sentencing**

　　Examples: Violation of the Immigration Control and Refugee Recognition Act
   - This is a case where the defendant, a national of Country Y, unlawfully overstayed in Japan beyond the period of permitted stay.
   - In light of the circumstances including the fact that the period of illegal stay was as long as more than two years, the defendant's criminal responsibility is heavy.
   - On the other hand, the defendant expressed regret concerning the commission of this crime, and promised that he/she will return to his/her home country, work hard and rehabilitate himself/herself. His/her

罰を訴えていることなど,被告人にとって酌むべき事情もある。

・ そこで,これらの事情を総合して主文のとおり刑を量定した。

第6章 控訴審における判決理由

1 理由の冒頭部分

本件控訴の趣意は,弁護人甲作成名義〈検察官乙提出〉の控訴趣意書記載のとおりであり,これに対する答弁は,検察官乙作成名義〈弁護人甲作成名義〉の答弁書記載のとおりであるから,これらを引用する。

控訴趣意中量刑不当〈事実誤認,訴訟手続の法令違反,理由不備〉の主張（論旨）について

2 理由の本論部分

(1) 控訴棄却

所論は,要するに,被告人には,本件輸入に係る物品が覚せい剤であるとの認識がなかったのであるから,被告人にその認識があったとして覚せい剤輸入の罪の成立を認めた原判決には,判決に影響を及ぼすことが明らかな事実の誤認があるというのである。しかし,原判決挙示の各証拠によると,被告人は,本件に至るまで,貨物船○○の船員として約20回日本国と○○国との間を往復している者である上,○○国において船員としての教育を受けるに当たり,覚せい罪等の密輸が禁止されていることや関税関係法規等についての知識を得ていることが認められるから,覚せい剤が概ねどのような物品であるかを承知していたと推

fiancée/fiancé who lived together with him/her, has a will to lead a married life with the defendant in his/her home country and longs for a lenient punishment for him/her. These circumstances are favorable to the defendant.
· Taking into consideration all of these circumstances, the court determined the sentence as pronounced in the main text of judgment.

VI. Reasons for Judgment in the Court of Second Instance
1. Introductory part

The point of the appeal is as stated in the Statement of Reasons for Appeal authored in the name of Defense Counsel A ⟨submitted by Prosecutor B⟩. The arguments responding to the Statement of Reasons for Appeal are as stated in the Written Answer authored in the name of Prosecutor B ⟨Defense Counsel A⟩. Therefore, the court cites these documents in describing the arguments.

Regarding the improper punishment ⟨errors in fact finding / violation of procedural laws and regulations / insufficient reasons⟩ among the reasons for appeal as stated in the Statement of Reasons for Appeal

2. Main body
(1) Dismissal of appeal to the court of second instance

The essence of the Statement of Reasons for Appeal is as follows: The judgment in prior instance found the defendant guilty of the import of a stimulant drug. It found that he/she had the knowledge that the material imported in this case was a stimulant drug. However, since he/she did not have such knowledge, the judgment has an error in its fact finding which apparently affected the judgment. However, from the pieces of evidence listed in the judgment in prior instance, this court finds that the defendant, as a mariner on the freighter _____, had sailed between Country _____ and Japan some 20 times and that while receiving education as a mariner in the same country, he/she obtained knowledge about prohibition against smuggling of stimulant drugs and other knowledge of customs-related laws. Therefore, it is assumed that he/she knew what kind of substance a stimulant drug was. Based on this assumption, the defendant's explanation that he/she did not know that the substance in question was a stimulant drug is not reliable at all in light of the following: First, at the time that the

認されるところである。そして，このことを前提として，甲から本件物品の運搬を依頼された際の物品の運搬ないし引渡しの方法についての指示内容が極めて密行性を帯びたものであったこと，被告人は本件物品がビニール製5袋に分けられた白色の結晶状を呈した物質であることを確認していること，搬入の手段，方法が覚せい剤等を持ち込む際によく行われる典型的な隠匿運搬方法を採っていること，その他本件発覚前後の証拠隠滅工作，被告人の捜査官に対する供述の内容等記録によって認められる諸事情をも考え合わせると，本件物品が覚せい剤であるとは知らなかったという被告人の弁解は到底信用できるものではなく，本件輸入の際，被告人は本件物品が覚せい剤であるとの認識を有していたと認めるのが相当である。

したがって，原判決がその挙示する各証拠を総合して原判示事実を認定したことは相当であり，原判決に事実誤認はないから，論旨は理由がない。

(2) 破棄自判

所論は，要するに，被告人を禁錮1年6月に処した原判決の量刑は重すぎて不当であるというのである。

記録によれば，本件事故は，被告人が前車の発進に気を許し左方の安全を確認することなく発進進行した過失により，折から横断歩道上を自転車に乗って進行していた被害者に自車を衝突転倒させ死亡させたというものであって，過失及び結果の重大性にかんがみると，所論指摘の被告人に有利な事情を十分考慮しても，原判決の量刑は，その宣

defendant was requested by A to carry the material in question, the directions given as to how to transport and deliver it had all the indications of secrecy. Second, the defendant found that the material in question was a white crystalline substance divided into five (5) vinyl bags. Third, the manner in which the material was carried into Japan is a typical undercover method common to transporting stimulant drugs and other drugs. Fourth, there are additional factors shown in the record such as attempts by the defendant to destroy the evidence before and after this case came to light and the statements given by the defendant to investigators. Therefore, it is appropriate to find that the defendant had knowledge at the time of the import in question that the substance in question was a stimulant drug.

Therefore, this court finds that it was proper that the judgment in prior instance found the facts as cited therein based on the pieces of evidence as listed therein, and that there is no error in fact finding. Thus, there is no ground for appeal.

(2) Reversal of the judgment in prior instance and rendering of own judgment by the court of second instance

The argument presented in this appeal in brief claims that the sentence given by the court of prior instance, one year and six months imprisonment without work, is improper in its severity.

According to the record, the accident in this case was as follows : the defendant, while driving an automobile, hit, knocked down and caused the death of the victim who was riding a bicycle in a crosswalk, due to the defendant's negligence in that he/she started his/her automobile and proceeded just following the start of the preceding vehicle, without confirming safety on the left. Reflecting upon the seriousness of both the negligence and the result of the accident, and even duly considering the circumstances that have been presented in favor of the defendant, sentencing of the judgment in prior instance as handed down at the time should be recognized as proper. However, according to the results of the examination of the facts by this court, the court finds that after the judgment in prior instance, a settlement was made between the victim's family and the side of the defendant and the insurance, etc. to pay a total of 20 million yen,

告時においては相当であったと認めることができる。

しかし，当審事実取調べの結果によれば，原判決後，被害者の遺族との間に，さらに任意保険等から・・・・合計2000万円を支払うことで示談が成立していること，示談の成立に伴い被害感情は一層和らぎ，被害者の遺族から寛大な処分を望む旨の上申がなされるに至っていることなどの事情が認められ，これによれば，原判決の量刑は，現時点においては刑の執行を猶予しなかった点において重きに失し，これを破棄しなければ明らかに正義に反するといわなければならない。

3　法令の適用部分

(1) 控訴棄却

よって，刑訴法396条により本件控訴を棄却し，刑法21条により当審における未決勾留日数中50日を原判決の刑に算入し，当審における訴訟費用は刑訴法181条1項本文を適用して被告人に負担させることとし，主文のとおり判決する。

(2) 破棄自判

よって，刑訴法397条2項により原判決を破棄し，同法400条ただし書により更に次のとおり判決する。

原判決が認定した罪となるべき事実に原判決と同一の法令を適用（科刑上一罪の処理，刑種の選択を含む。）し，その刑期の範囲内で被告人を懲役2年10月に処し，刑法21条により原審における未決勾留日数中50日をその刑に算入し，原審及び当審における訴訟費用は刑訴法181

and as the feelings of the victim's family concerning the accident were mitigated by the settlement, the victim's family hoped in writing that the court grant leniency. In recognition of these circumstances, the sentencing of the judgment in prior instance should be considered too severe, at the present time, on the point that the judgment in prior instance did not grant suspension of the execution of the sentence. It would be clearly unjust if this court did not order a reversal on that point.

3. Application of legal provisions
(1) Dismissal of appeal to the court of second instance

Accordingly, this appeal is dismissed based on Article 396 of the Code of Criminal Procedure. In accordance with Article 21 of the Penal Code, 50 days of the total number of days spent in pre-sentencing detention for trial in this instance shall be deducted from the period of imprisonment imposed by the judgment in prior instance. Applying the main clause of Article 181, paragraph (1) of the Code of Criminal Procedure, this court orders the defendant to bear the court costs in this instance. Thus, the court pronounces the judgment as stated in the main text.

(2) Reversal of the judgment in prior instance and rendering of own judgment by the court of second instance

Therefore, the court reverses the judgment in prior instance based on Article 397, paragraph (2) of the Code of Criminal Procedure, and pronounces the judgment under the proviso clause of Article 400 of the Code as follows:

The court applies the same laws and regulations as in the judgment in prior instance to the same facts constituting the crime as in the judgment in prior instance (including the application of the rule of treating plural crimes as a single crime for sentencing purpose and the choice of the type of punishment), and the court, within the range of the period of imprisonment, sentences the defendant to two years and ten months of imprisonment with work. In accordance with Article 21 of the Penal Code, 50 days of the total number of days spent in pre-sentencing detention at the court in prior instance shall be deducted from the period of said imprisonment. Applying the proviso clause of Article 181, paragraph (1) of the Code of Criminal Procedure, the court does not order the

条1項ただし書を適用して被告人に負担させないこととし,主文のとおり判決する。
     (3) 破棄差戻し
        よって,刑訴法397条1項,377条3号により原判決を破棄し,同法400条本文により本件を原裁判所である○○簡易裁判所に差し戻すこととし,主文のとおり判決する。

defendant to bear the court costs of the court of prior instance and this court. Thus, the court pronounces the judgments as stated in the main text.

(3) Reversal of the judgment in prior instance and remanding of the case back to the court of prior instance

Therefore, in accordance with Article 397, paragraph (1) and Article 377, item (iii) of the Code of Criminal Procedure, the judgment in prior instance is reversed and the case is remanded to the ____ Summary Court, the court in prior instance, in accordance with the main clause of Article 400 of the Code of Criminal Procedure. The judgment is given as stated in the main text.

第4編

法律用語等の対訳

第4編　法律用語等の対訳
第1章　法律用語の対訳

【あ 行】

・相被告人［共同被告人］	・codefendant
・あおる	・to incite
・アリバイ	・alibi
・アルコール中毒	・alcoholism; alcoholic
・言い渡す	・to pronounce; render
・異議	・objection
・異議の申立て	・to raise/file an objection; object ［to］
・意見陳述	・statement of opinions
・移送（被告事件の）	・transfer (of the charged case) to another court
・移送（被告人の）	・to transfer ［the defendant］ to another place
・一事不再理	・ban on initiating prosecution regarding cases on which court decisions have already become final and binding (under Article 39 of the Japanese Constitution); non bis in idem
・遺伝	・heredity; generic inheritance
・居直り強盗	・thief committing assault or threatening violence upon detection
・違法収集証拠	・illegally collected evidence
・違法性	・illegality
・違法性阻却事由	・factor negating illegality; justifiable cause
・医療刑務所	・Medical Prison; medical treatment facility for prisoners
・医療の終了	・termination of medical treatment
・因果関係	・causation; cause-and-effect relationship
・因果関係の中断	・interruption of causation

法律用語【あ・か行】

・インターネット異性紹介事業	・online dating services
・引致	・bringing of a suspect (a defendant, a witness) to a designated location
・隠匿する	・to conceal
・員面調書	・written statement taken before and by a judicial police officer
・うそ発見器	・lie detector ; polygraph
・疑うに足りる相当な理由	・probable cause to suspect
・写し	・copy
・うつ病	・depression
・営利の目的	・for profit ; for the purpose of profit ; intent to profit from criminal activity
・閲覧する	・to inspect ; peruse
・えん罪	・false accusation (charge)
・援用	・invocation
・押印	・seal
・押収	・seizure
・押収物	・seized article
・汚職	・corruption ; graft
・おとり捜査	・investigation by an undercover agent ; undercover operation
・恩赦	・pardon

【か　行】

・戒護	・safe custody ; keeping security (especially in prisons)
・改ざんする	・to alter ; tamper with
・開示	・disclosure ; discovery
・改悛の情	・repentance ; remorse
・外傷性	・traumatic
・海上保安庁	・(Japan) Coast Guard
・海上保安留置施設	・coast guard detention facility

・開廷	・to be in session ; to open a (court) session
・回答書	・answer ; reply
・外務省	・Ministry of Foreign Affairs
・科学警察研究所（科警研）	・National Research Institute of Police Science
・覚せい剤	・stimulants ; stimulant drug ; amphetamine ; methamphetamine
・覚せい剤中毒者	・stimulant drug addict ; a person suffering from stimulant drug addiction
・確定	・becoming final and binding ; finalization
・確定判決	・final and binding judgment
・科刑上一罪	・rule of treating plural crimes as a single crime for sentencing purposes ; conceptual single offense
・過失	・negligence
・過失犯	・negligent offense (offender)
・過剰避難	・excessive act for avoidance of clear and present danger ; excessive expedient in case of emergency
・過剰防衛	・excessive self-defense
・加重	・aggravation
・家庭裁判所（家裁）	・family court
・家庭裁判所調査官	・family court research law clerk
・可罰的違法性	・punishable illegality
・仮釈放	・parole
・仮納付	・provisional payment
・仮放免	・provisional release
・過料	・non-penal fine
・科料	・petty fine
・簡易公判手続	・summary criminal trial
・簡易裁判所（簡裁）	・summary court

法律用語【か行】

・姦淫	・rape ; sexual intercourse
・管轄	・jurisdiction
・管轄違い	・lack of jurisdiction
・間接事実	・indirect fact ; evidentiary fact
・間接証拠	・indirect evidence
・間接正犯	・indirect principal ; principal by indirect means of commission
・監置	・court-ordered confinement
・鑑定	・expert evidence ; expert opinion ; expert testimony ; expert examination
・鑑定証人	・expert as witness
・鑑定嘱託書	・document to request an expert opinion
・(鑑定その他) 医療的観察	・expert examination and other medical observation
・鑑定手続実施決定	・ruling to implement expert examination
・鑑定入院命令	・judge's direction of hospitalization for expert examination
・鑑定人	・expert witness
・鑑定留置	・detention for expert examination
・観念的競合	・concurrent crimes ; crimes of conceptual concurrence ; a single act constituting multiple crimes
・還付	・return of seized articles
・管理売春	・operating a business of prostitution ; controlled prostitution
・期間	・period (of time) ; term
・棄却する	・to dismiss ; deny
・偽計	・fraudulent means ; deceptive scheme
・期日	・date
・期日間整理手続	・interim conference procedure
・期日間整理手続調書	・record of interim conference procedure
・既遂	・completion of commission of crime

法律用語【か行】

・偽造	・forgery ; counterfeiting
・起訴事実	・charge ; fact charged ; accusation(s)
・起訴状	・charging sheet
・起訴状の訂正	・revision of the charging sheet
・起訴する	・to prosecute ; institute prosecution
・起訴猶予	・suspension of prosecution
・既判力	・res judicata (effect of a finalized judgment to settle a matter)
・忌避	・challenge (e.g., challenge the qualification of a judge) ; disqualification
・基本的人権	・fundamental human rights
・欺罔する（欺く）	・to deceive
・客体の錯誤	・mistake of the object (of an offense)
・却下する	・to dismiss ; overrule
・求刑	・prosecutor's opinion regarding the punishment
・急迫の危険	・imminent danger
・急迫不正の侵害	・imminent and unlawful infringement
・恐喝する	・to threat; to blackmail ; to extort
・凶器	・weapon
・教唆する	・to solicit ; abet ; induce ; incite
・供述	・declaration ; statement ; deposition
・供述拒否権	・right to refuse to give statement (testimony) ; right to remain silent
・供述書	・written statement
・供述調書	・investigator's record of oral statement ; written statement
・供述の任意性	・voluntariness of a statement
・[強制] 送還	・deportation
・強制捜査	・compulsory investigation
・共同正犯	・coprincipal ; co-offender
・共同被告人	・codefendant

法律用語【か行】

・共同暴行	・battery or assault by more than one perpetrator ; joint battery
・脅迫する	・to threaten ; to intimidate
・共犯	・accomplice ; complicity
・共謀	・conspiracy
・共謀共同正犯	・co-conspirator ; coprincipal in conspiracy
・業務上過失	・negligence through professional conduct ; negligence in the pursuit of social activities/in the course of business
・業務上の注意義務	・professional or occupational standard of care ; duty of care in the pursuit of social activities/in the course of business
・挙証責任	・burden of proof
・緊急逮捕	・warrantless arrest in case of urgency
・緊急避難	・avoidance of clear and present danger ; necessary expedient in case of emergency
・禁錮	・imprisonment ; imprisonment without work
・禁制品	・prohibited goods ; contraband
・区	・ward
・区検察庁（区検）	・local public prosecutors office
・区分審理	・separation of proceedings of multiple cases charged against the same person under the Saiban-in system
・刑期	・term of sentence ; period of imprisonment
・警告	・warning
・警察署	・police station
・警察庁	・National Police Agency (NPA)
・警察庁次長	・Deputy Commissioner-General of the NPA
・警察庁長官	・Commissioner-General of the NPA

法律用語【か行】

・警視	・superintendent of police
・警視監	・superintendent supervisor of police
・刑事施設	・penal institution; prison
・刑事収容施設	・penal detention facility
・刑事処分	・criminal disposition
・警視正	・senior superintendent of police
・刑事責任	・criminal responsibility
・警視総監	・Superintendent-General of the Metropolitan Police Department
・刑事第1部	・First Criminal Division
・警視庁	・Metropolitan Police Department
・警視長	・chief superintendent
・刑事未成年者	・a minor under criminal law
・刑の量定に影響を及ぼす情状	・circumstances affecting sentencing
・刑罰	・punishment; penalty
・頚部	・neck; cervix
・警部	・police inspector
・警部補	・assistant police inspector
・刑務官	・prison officer
・刑務所	・prison
・刑務所長	・warden
・結果回避義務	・duty to avoid occurrence of result
・欠格事由	・grounds for disqualification; grounds for incompetence for appointment
・結果的加重犯	・aggravated offense based on a result
・結審する	・to conclude a trial
・決定	・decision; ruling; order
・県	・prefecture
・原因において自由な行為	・actio libera in causa; free action in respect of cause
・厳格な証明	・strict proof

法律用語【か行】

・県警察本部	・Prefectural Police Headquarters
・現行犯	・offender (offense) in flagrante delicto; flagrant offense (offender)
・現行犯人逮捕手続書	・arrest record of a flagrant offender
・原裁判所	・court in prior instance; original court; court below
・検察官	・(public) prosecutor
・検察官請求証拠	・evidence for examination requested by the public prosecutor
・検察事務官	・public prosecutor's assistant officer
・検察審査員	・member of the committee for the inquest of prosecution
・検察審査会	・committee for the inquest of prosecution
・検視	・examination of a corpse; postmortem inspection
・検事	・public prosecutor
・検事正	・Chief Prosecutor; chief of District Public Prosecutors Office
・検事総長	・Prosecutor-General
・検事長	・Superintending Prosecutor
・現住建造物	・inhabited building
・検証	・(compulsory) inspection
・検証調書	・record of compulsory inspection
・原審	・court of prior instance; original court; court below
・原審弁護人	・defense counsel in the court below
・限定責任能力	・limited criminal liability; diminished capacity
・原判決	・judgment in prior instance; original judgment
・憲法違反	・violation of the Constitution; unconstitutionality
・原本	・original(s); original copy

・検面調書	・written statement taken before and by a prosecutor
・権利保釈	・mandatory bail
・牽連犯	・connected crimes; crimes in the means-result relation
・故意	・intention; intent
・合意書面	・agreed document of expected statements
・勾引状	・subpoena; writ of production; capias
・勾引する	・to subpoena; to bring a defendant (witness) compulsorily to a designated location
・合議体	・(three-judge) panel
・公共職業安定所（職安）	・Public Employment Security Offices
・抗拒不能	・being unable to resist; defenseless
・後見監督人	・supervisor of guardian
・後見人	・guardian
・抗告	・appeal against a ruling; *Kokoku* appeal
・抗告裁判所	・court in charge of an appeal; court of *Kokoku* appeal
・抗告の趣旨	・object of appeal
・抗告の取下げ	・withdrawal of appeal
・公使	・minister
・強取する	・to rob
・公序良俗	・public policy; public order and good morals
・更新する	・to renew
・更生	・rehabilitation (of an offender)
・更正決定	・decision of rectification
・構成裁判官	・judges composing a panel under the *Saiban-in* System
・構成要件	・structural (constituent) elements of an offense

法律用語【か行】

・厚生労働省	・Ministry of Health, Labour and Welfare
・厚生労働大臣	・Minister of Health, Labour and Welfare
・控訴	・appeal to the court of second instance; *Koso* appeal to a high court; appeal against a judgment of court of first instance
・公訴	・prosecution
・公訴棄却	・dismissal of prosecution
・控訴棄却	・dismissal of appeal
・公訴権濫用	・abuse of power of prosecution
・控訴裁判所	・court of second instance; court of *Koso* appeal
・公訴時効	・statute of limitations; time limitation on prosecution
・公訴事実	・charged facts; facts constituting the offense charged
・控訴趣意書	・statement of reasons for (*Koso*) appeal; brief for the appellant
・控訴審	・court of second instance; court of *Koso* appeal; *Koso* appeal court trial
・公訴提起	・institution of prosecution; initiation of a public action
・控訴提起期間	・filing period for a (*Koso*) appeal
・控訴申立書	・(written) application for (*Koso*) appeal
・控訴理由	・grounds for (*Koso*) appeal
・拘置所	・detention house
・交通切符	・traffic ticket
・交通事件原票	・police record of traffic violations
・交通反則金	・traffic violation payment; non-penal fine for traffic infraction
・口頭	・oral presentation
・高等検察庁（高検）	・high public prosecutors office

法律用語【か行】

・高等裁判所（高裁）	・high court
・高等裁判所長官	・president of the high court
・口頭弁論	・oral argument ; oral proceedings
・公判期日	・trial date
・公判準備	・trial preparation
・公判調書	・trial record ; trial report
・公判廷	・open court ; court room ; trial court
・公判手続	・trial proceedings ; trial procedure
・公判前整理手続	・pretrial conference procedure
・公判前整理手続期日	・date for pretrial conference procedure
・公判前整理手続調書	・record of pretrial conference procedure
・交付送達	・personal service ; service in person ; service by actual delivery
・公文書	・official document
・公務員	・public officer
・拷問	・torture
・公用文書	・document for government use
・勾留	・detention
・拘留	・misdemeanor imprisonment without work
・勾留執行停止	・stay of execution of detention
・勾留状	・detention warrant ; writ of detention
・勾留理由開示	・proceedings to disclose the reason for detention
・コカイン	・cocaine
・呼気アルコール濃度	・alcohol density in breath
・語気を荒げて	・in an angry (violent, harsh) tone
・国外犯	・crimes committed outside Japan
・国際司法共助	・international judicial assistance
・国籍	・nationality
・国選被害者参加弁護士	・court-appointed attorney at law for victim

—137—

・国選弁護人	・court-appointed defense counsel ; assigned counsel
・告訴	・complaint from the victim (or the victim's relatives)
・告訴状	・written complaint ; letter of complaint
・告知する	・to (give) notice ; notify ; announce
・告発	・accusation ; complaint from a third party
・告発状	・written accusation ; written complaint ; letter of complaint
・戸籍抄本	・abridged copy/extract of family register
・戸籍謄本	・certified copy/transcript of family register
・護送	・escort
・誤想防衛	・mistaken self-defense
・国家公安委員会	・National Public Safety Commission
・誤判	・erroneous judgment

【さ 行】

・罪刑法定主義	・principle of "nullum crimen, nulla poena sine lege (no crime, no punishment without a previous penal law)" ; principle of legalism on crimes and punishment
・裁決	・determination ; (administrative) adjudication
・最高検察庁（最高検）	・Supreme Public Prosecutors Office
・再抗告	・re-appeal from an appeal from a ruling ; second *Kokoku* appeal
・最高裁判所（最高裁）	・Supreme Court
・最高裁判所長官	・Chief Justice of the Supreme Court
・最高裁判所判事	・Justice of the Supreme Court
・最終弁論	・closing argument

・罪証隠滅のおそれ	・Danger of destroying or concealing evidence
・罪状認否	・defendant's answer to the facts charged; arraignment
・再審	・retrial; reopening of the procedure
・再審開始決定	・order of commencement of retrial; decision for retrial
・再審事由	・grounds for retrial
・罪数	・number of offenses
・罪体	・the body of the crime; corpus delicti
・在庁略式手続	・summary order procedure effected while the defendant is inside the building of the public prosecutors office (or the court building)
・在廷証人	・witness present in court; witness appearing voluntarily before the court
・再入国許可	・re-entry permission
・採尿手続	・urine collection procedure
・再犯	・repeat/second conviction; recommitment of an offense; second crime
・裁判	・judicial decision; sentence; adjudication
・裁判員	・*Saiban-in*
・裁判員候補者	・*Saiban-in* candidate
・裁判員等選任手続	・procedure to select *Saiban-ins*
・再犯加重	・aggravated (cumulative) punishment for repeated/second conviction
・裁判官	・judge
・裁判官の面前における供述	・statement before the judge
・裁判権	・jurisdiction; judicial power
・裁判所	・court
・裁判所事務官	・court administrative official
・裁判所書記官	・court clerk
・裁判所速記官	・court stenographer

法律用語【さ行】

・再反対尋問	・re-cross examination
・裁判長	・presiding judge
・裁判を受ける権利	・right to a trial; right of access to courts
・財物	・property
・罪名	・name of the offense, charge; charged offense
・在留期間の更新許可	・permission for extension of period of stay
・在留資格	・status of residence
・在留資格証明書	・certificate of status of residence
・裁量保釈	・discretionary bail
・錯誤	・mistake
・酒酔い・酒気帯び鑑識カード	・breathalyzer record; inspection record on drunkenness
・差押え	・seizure
・差押調書	・record of seizure proceedings
・差し戻す	・to remand
・査証（ビザ）	・visa
・査証相互免除	・mutual visa exemption
・参考人	・person implicated (concerned, interested)
・資格外活動許可	・permission to engage in an activity other than that permitted under the status of residence previously granted
・自救行為	・self-help
・死刑	・death penalty
・事件受理	・receiving of a case
・時効	・statute of limitations
・事後審	・appellate proceedings for reviewing the decision of prior instance based on the facts and evidence found by the court of prior instance
・自己に不利益な供述	・statement against one's interest
・自己負罪拒否特権	・privilege against self-incrimination

−140−

・自己矛盾の供述	・self-contradictory statement
・事実誤認	・fact-finding error ; error in fact
・事実審	・fact-finding proceedings : trial
・事実の錯誤	・mistake of fact
・事実の取調べをする	・to examine facts
・自首	・voluntary surrender
・事前準備	・advance preparations
・私選弁護人	・privately-appointed defense counsel
・刺創	・puncture wound ; stab wound
・死体検案書	・doctor's report confirming death of a person ; autopsy report
・辞退事由	・grounds for declining appointment as *Saiban-in*
・示談書	・out-of-court settlement document
・示談する	・to settle out of court
・次長検事	・Deputy Prosecutor-General
・市町村	・city/town/village ; municipality
・市町村長	・mayor of municipality
・失火	・fire caused by negligence
・実況見分調書	・on-site inspection report
・実刑	・imprisonment without suspension of execution of sentence
・失血死	・death from loss of blood
・執行	・execution ; carrying out of sanctions
・実行行為	・act of committing a crime
・執行停止	・stay of execution
・実行の着手	・commencement (initiation) of (commission of) a crime
・執行猶予	・suspension of execution of the sentence
・質問票	・questionnaire (for *Saiban-in* candidates)
・指定医療機関	・designated medical institution

・指定侵入工具	・designated tools for breaking into residences
・指定通院医療機関	・designated medical institutions for outpatient treatment
・指定入院医療機関	・designated medical institutions for hospital treatment
・刺突	・stab ; thrust
・児童買春	・child prostitution
・自白	・confession
・自費出国	・departure at one's own expense
・事物管轄	・subject-matter jurisdiction
・司法警察員	・judicial police officer
・司法警察職員	・judicial police official ; (judicial police personnel)
・司法巡査	・judicial police constable
・死亡診断書	・death certificate
・始末書	・written apology
・氏名照会回答書	・reply to identification inquiry
・指紋照会回答書	・reply to fingerprint inquiry
・社会通念	・common social standards ; socially accepted ideas
・社会的相当行為	・socially justifiable act
・社会に復帰することを促進する	・to promote social rehabilitation
・社会復帰調整官	・social rehabilitation coordinator
・釈放	・release (from custody)
・釈明	・clarification ; explanation
・酌量減軽	・reduction of punishment in light of extenuating circumstances ; discretionary extenuation ; discretionary mitigation (of punishment)
・写真撮影報告書	・Investigation report on taking photographs
・遮へい	・shielding
・重過失	・gross negligence

・収容	・detention; commitment to a penal institution; bringing to correctional institution
・住居	・residence; residential address
・就職禁止事由	・grounds for disqualification as a *Saiban-in*
・囚人	・prisoner
・自由心証主義	・principle of the free discretion of judges as to the probative value of evidence
・周旋する	・to (inter) mediate
・重大な事実の誤認	・gross (fatal) error in fact finding
・(重大な) 他害行為	・act causing (serious) harm to others
・自由な証明	・free proof; relaxed procedures for establishing proof
・従犯	・accessory
・主観的違法要素	・subjective elements of illegality
・酒気帯び	・keeping alcohol in one's body (at the rate of more than 0.25mg of alcohol per one liter of one's breath); drunk
・主刑	・principal punishment
・受刑者	・sentenced inmates
・主尋問	・direct examination; examination-in-chief
・受訴裁判所	・the court in charge of the case; the court of the suit
・受託裁判官	・commissioned judge
・出国命令	・departure order
・出頭	・appearance
・出頭命令	・appearance order
・出入国記録	・immigration record
・主任弁護人	・chief defense counsel
・主犯	・principal
・主文 (判決主文)	・main text of judgment; sentence

・受命裁判官	・authorized judge
・主要事実	・fact-in-issue; ultimate fact
・準起訴手続	・quasi-prosecution procedure (the court assumes the role of prosecutor and decides whether to commit the case to a competent district court for trial)
・準抗告	・appeal against a ruling by a judge or a disposition by a prosecutor, etc.; quasi-*Kokoku* appeal
・巡査	・police officer
・巡査長	・senior police officer
・巡査部長	・police sergeant
・遵守事項	・matters to be observed
・照会	・inquiry
・傷害	・(bodily) injury
・召喚	・summons
・召喚状	・a writ of summons
・召喚する	・to summon
・情況(状況) 証拠	・circumstantial evidence
・証言	・testimony
・証拠	・evidence
・証拠開示	・disclosure of evidence; discovery of evidence
・上告	・final appeal; *Jokoku* appeal (appeal to the Supreme Court)
・上告趣意書	・(written) statement of reasons for final appeal; brief for the appellant
・上告審	・final appellate court/instance; Supreme Court proceedings
・上告理由	・reasons for final appeal
・証拠決定	・ruling as to examination of evidence
・証拠書類	・documentary evidence
・証拠調べ	・examination of evidence
・証拠資料	・evidentiary material

・証拠説明	・description of evidence
・証拠等関係カード	・Evidence Card
・証拠能力	・admissibility of evidence
・証拠の提示	・presentation of evidence
・証拠の標目	・list of evidence
・証拠排除	・suppression (exclusion) of evidence
・証拠物	・articles of evidence ; exhibit ; physical evidence
・証拠方法	・(type of) object that can be evidence ; instrument of evidence
・証拠保全	・preservation of evidence
・常習性	・habitude (habitual) ; recidivism ; recidivious nature
・常習犯	・habitual criminal (offender) ; recidivism ; recidivist
・情状	・circumstances (surrounding a crime)
・情状酌量	・consideration of extenuating circumstances
・上申書	・written statement
・上訴	・appeal
・上訴権者	・person having the right of appeal ; appellant by right
・上訴裁判所	・appellate court
・上訴趣意書	・statement of reasons for appeal ; brief for the appellant
・上訴提起期間	・filing period for an appeal
・上訴の取下げ	・withdrawal of an appeal
・上訴の放棄	・waiver of the right of appeal
・焼損する	・to burn (and damage)
・証人	・witness
・証人尋問	・examination of witness
・証人尋問調書	・record of examination of witness
・少年	・juvenile

法律用語【さ行】

・少年院	・juvenile training school ; Reformatory
・少年刑務所	・juvenile prison
・条文	・article ; clause
・小法廷	・petty bench of the Supreme Court
・抄本	・extract ; (abridged) copy
・証明予定事実	・facts to be proved
・証明力	・probative value (of evidence) ; evidentiary value
・条約	・treaty ; convention
・上陸拒否事由	・reason for denial of landing
・条例	・(municipal/prefectural) ordinance ; bylaws
・処遇事件	・treatment case
・嘱託する	・to commission
・職務質問	・police questioning
・職務従事予定期間	・scheduled period for engaging in the duty of Saiban-in
・所持品検査	・police inspection of personal property
・書証	・(examination of) documentary evidence
・除斥	・statutory exclusion of a judge from a case ; disqualification
・処断する	・to deal with ; punish ; decide ; rule ; dispose
・職権	・authority ; official power
・職権証拠調べ	・examination of evidence by courts' own authority ; ex-officio examination of evidence
・職権調査	・examination upon courts' own authority ; ex-officio inquiry
・職権保釈	・bail by courts' own authority ; ex-officio release on bail ; release on bail by mere motion
・職権濫用	・abuse of authority (official power)

−146−

・処罰条件	・conditions of punishment
・初犯	・first offense
・署名	・signature
・資力申告書	・statement of one's financial resources
・信義則	・principle of good faith
・人権擁護局	・Human Rights Bureau
・親告罪	・offenses for which prosecution depends on the victim's filing of a complaint; offense prosecutable upon a complaint
・審査補助員	・assistant for the committee for inquest of prosecution
・心証	・estimation; conviction
・身上照会回答書	・reply to an inquiry on personal background
・心神耗弱	・diminished capacity
・心神喪失	・insanity
・審尋	・hearing; interrogation
・人身取引	・trafficking in persons
・真正な	・authentic
・親族相盗	・theft committed against relatives
・身体検査	・bodily search; inspection and examination of a person
・身体検査令状	・warrant for physical examination; warrant for bodily search and examination
・診断書	・medical report; medical certificate
・人定質問	・questions (to defendant) for identification
・シンナー	・paint thinner
・審判	・trial
・審判期日	・date for trial; date for hearing
・審判調書	・record of trial; record of hearing
・尋問事項	・matters for examination (questioning)

・尋問する	・to examine; question
・信用性	・credibility
・信頼の原則	・rule of reliance on reasonable conduct
・審理不尽	・premature decision; leaving unexamined matters
・推定する	・to presume
・性格異常	・character disorder
・生活環境	・living environment; social circumstances
・税関	・customs (house)
・請求による裁判員等の解任	・dismissal of *Saiban-in*, etc. upon request
・正式裁判	・formal trial
・正式裁判請求	・request for formal trial
・精神鑑定	・psychiatric evaluation; expert's examination of mental status
・精神障害者	・mentally disordered; mentally disabled; persons with mental disorders
・精神障害を改善する	・to cure a mental disorder
・精神病	・mental disease
・精神病質	・psychopathic personality
・精神保健観察	・mental health observation
・精神保健参与員	・mental health counselor
・精神保健指定医	・designated mental health doctor
・精神保健審判員	・doctor appointed for dealing with a mental health case
・精神保健判定医	・doctor capable of judging a mental health case
・精神保健福祉士	・mental health social worker
・正当業務行為	・act done in the pursuit of lawful business
・正当防衛	・self-defense
・正犯	・principal

・正本	・authenticated copy ; original
・声紋	・voiceprint
・政令	・Cabinet Order
・責任	・liability ; responsibility ; culpability
・責任軽減事由	・grounds mitigating liability
・責任阻却事由	・grounds negating liability ; excuse (grounds for excuse)
・責任能力	・capacity to bear criminal liability ; criminal competency
・責任無能力者	・person without capacity to bear criminal liability
・責任要素	・elements constituting liability
・責問権の放棄	・waiver of right to allege procedural error
・是正命令	・rectification order
・接見	・interview
・接見禁止	・prohibition of the detainee or sentenced inmate from having an interview or other contact and communication with outside persons
・接見交通	・detainee's or prisoner's interview or other contact and communication with outside persons (to send or receive objects)
・窃取	・stealing ; theft
・絶対的控訴理由	・absolute grounds for appeal
・是非弁別	・distinguishing between right and wrong ; telling right from wrong
・前科	・criminal record ; previous conviction
・前科調書	・report of criminal record
・宣告する	・to pronounce ; sentence
・宣誓	・oath ; to swear
・専属管轄	・exclusive jurisdiction
・選任決定	・ruling to appoint *Saiban-in*

法律用語【さ行】

・選任予定裁判員	・*Saiban-in* appointed in advance
・訴因	・counts
・訴因変更	・alteration of counts
・訴因を明示する	・to describe (indicate) clearly the counts
・捜査	・investigation
・捜査機関	・investigative authority; investigative agency
・捜査記録	・investigation record
・捜索	・search
・捜索差押許可状	・search and seizure warrant
・捜索差押調書	・record of search and seizure
・捜索状	・search warrant
・捜索調書	・record of search proceedings
・捜査照会回答書	・reply to investigative inquiry
・捜査状況報告書	・investigative report
・送達する	・to serve; to deliver
・送致する	・to refer; send (a suspect)
・相当因果関係	・reasonable (proper) causation
・相当な理由	・reasonable ground; probable cause
・遡及処罰の禁止	・prohibition of retroactive punishment; prohibition of ex post facto law
・即時抗告	・immediate appeal against a ruling
・訴訟記録	・case record; record of proceedings
・訴訟係属	・pendency of litigation
・訴訟行為	・procedural act
・訴訟指揮	・control of court proceedings; presiding over the trial
・訴訟条件	・conditions of prosecution
・訴訟手続	・procedure; court proceedings
・訴訟手続の法令違反	・violation of laws and regulations in the court proceedings

・訴訟能力	・capacity to sue or be sued ; competency to stand trial.
・訴訟費用	・court costs
・速記	・stenography
・即決裁判手続	・expedited trial procedure
・疎明	・prima facie showing
・疎明資料	・materials for prima facie showing
・損害賠償命令	・order of compensation of damage

【た　行】

・第一審	・(court of) first instance ; first instance court trial
・退院	・discharge ; release
・退去強制令書	・written deportation order
・大使	・ambassador
・大使館	・embassy
・対質	・simultaneous examination
・大赦	・general pardon
・対象行為	・subject act
・対象事件	・subject case
・対象者	・subject person
・退廷しなさい	・"Leave the court."
・退廷命令	・order to leave the court (room)
・逮捕	・arrest
・大法廷	・full bench ; Grand Bench (of the Supreme Court)
・逮捕状	・arrest warrant
・大麻	・cannabis
・大麻樹脂	・cannabis resin
・大麻草	・hemp ; cannabis ; marijuana

法律用語【た行】

・代用監獄	・custody room in a police station used in lieu of a detention house : substitute detention house
・代理権	・right (authority) of (capacity to) representation
・立会い	・attendance (at proceedings)
・弾劾証拠	・evidence for impeachment purposes
・嘆願書	・supplication (to ask the court....)
・単独犯	・offender committing a crime without an accomplice
・知的障害	・mental retardation
・地方検察庁（地検）	・district public prosecutors office
・地方検察庁支部	・branch of district public prosecutors office
・地方公共団体	・local public entity ; local government
・地方裁判所（地裁）	・district court
・地方裁判所支部	・branch of district court
・地方法務局	・District Legal Affairs Bureau
・注意義務	・duty of care
・中央更生保護審査会	・National Offenders Rehabilitation Commission
・中止犯	・perpetrator who suspended commission of a crime prior to completion ; voluntary abandonment of commission of the crime
・中止未遂	・attempt where the perpetrator voluntarily suspended his/her commission of a crime
・懲役	・imprisonment with work
・長期3年以上	・a maximum period of three years or more
・調書	・trial record (公判) ; written statement (供述)
・調書判決	・written judgment incorporated in the trial record

法律用語【た行】

・直接証拠	・direct evidence
・陳述する	・to give as statement
・追完する	・to complement ; to complete subsequently ; to cure a defect
・追起訴	・subsequent prosecution ; additional prosecution
・追徴	・collection of value equivalent to item subject to confiscation ; collection of equivalent value
・追徴保全	・temporary restraining order for collection of equivalent value
・通院期間の延長	・extension of the period of receiving outpatient treatment
・通常逮捕	・ordinary arrest (arrest made pursuant to a warrant)
・通達	・intra-agency circular notice
・通訳	・Interpreter (interpretation)
・付添い	・attendance ; accompanying
・付添人	・attendant
・つきまとい	・stalking
・罪となるべき事実	・facts constituting the crime
・罪を犯したことを疑うに足りる充分な理由	・probable cause to suspect that the suspect/the accused has committed a crime
・罪を行い終わってから間がない	・the person has committed the crime a short time before ; immediately following the completion of the crime
・連戻状	・warrant for taking back (a juvenile escapee) for custody
・連れ戻す	・taking back (a juvenile escapee) for custody
・ＤＮＡ鑑定	・DNA test
・提出命令	・order to submit
・廷吏	・bailiff
・撤回	・withdrawal of action ; revocation

・電子計算機	・computer
・電磁的記録	・electromagnetic records
・伝聞供述	・statement of hearsay; second hand statement
・伝聞証拠	・hearsay evidence
・伝聞法則	・hearsay rule
・電話聴取書	・report of telephone conversation
・同意	・consent
・道義的責任	・responsibility based on moral justice; moral responsibility
・統合失調症	・schizophrenia
・同行状	・subpoena upon a juvenile
・同行する	・accompany; escort
・当事者	・party
・謄写する	・to copy
・盗聴	・eavesdropping; wiretapping; bugging; electronic surveillance
・答弁書	・(written) answer; reply; statement of answer
・謄本	・(certified) copy; transcript
・特殊開錠用具	・special lock picking tools
・特定侵入行為	・specified acts for breaking into residences
・特に信用すべき情況(特信情況)	・especially reliable [credible] circumstances; circumstances that afford special credibility
・特別抗告	・special appeal against ruling to the Supreme Court; special *Kokoku* appeal
・特別弁護人	・special defense counsel
・土地管轄	・territorial jurisdiction
・都道府県公安委員会	・prefectural public safety commission
・取り消す	・to annul; rescind; repeal; reverse; quash

・取り下げる	・to withdraw ; revoke
・取り調べる	・to interrogate ; examine ; interview
・トルエン	・toluene ; methylbenzene

【な 行】

・内閣府	・Cabinet Office
・捺印	・to affix one's seal to
・二重の危険	・double jeopardy
・日本司法支援センター(法テラス)	・Japan Legal Support Center
・入院	・admission to hospital ; hospitalization
・入院継続の確認	・declaration of continuation of hospitalization
・入院によらない医療	・medical treatment given without hospitalization
・入院を継続する	・continue hospitalization
・入国	・immigration ; entry
・入国管理局	・(regional) immigration bureau
・入国管理局出張所	・branch office, regional immigration bureau
・入国管理センター	・immigration center
・入国者収容所	・immigration detention center
・入国審査官	・immigration inspector
・入国手続	・entry [immigration] procedures
・任意性	・voluntariness
・任意捜査	・investigation on a voluntary basis
・任意提出書	・form for voluntary production of evidentiary materials
・任意的弁護事件	・offense not requiring the presence of defense counsel at trial
・任意同行	・to accompany voluntarily
・脳挫傷	・brain damage ; brain contusion

【は 行】

・売春	・prostitution
・売春周旋	・intermediation of prostitution; pimping
・陪席裁判官	・associate judge
・破棄移送	・reversal and transfer; quashing and transfer
・破棄差戻し	・reversal and remanding; quashing and sending back
・破棄自判	・reversal and own judgment; quashing and rendering a judgment of the case
・破棄する	・to reverse; quash; cancel (a contract)
・破棄判決	・judgment to reverse (quash) the judgment in prior instance
・罰金	・fine
・ハッシシ（ハッシシュ）	・hashish
・罰条	・article(s) of the laws to define the punishment; applicable penal statute
・犯意	・criminal intent; mens rea
・判決	・judgment; sentence; judgment of conviction; decision
・判決書	・written judgment; judgment document
・判決に影響を及ぼすことが明らか	・clear to affect the judgment
・判決の宣告	・pronouncement of judgment
・判決理由	・grounds (reasons) for judgment
・犯行	・commission of a crime
・犯罪	・offense; crime
・犯罪行為を組成した物（犯罪組成物件）	・a thing which is a constituent element of a criminal act; an object which is a component of a criminal act
・犯罪事実	・facts of the crime; facts constituting the offense
・犯罪収益	・criminal proceeds

・判事	・judge
・判示する	・point out (show) in a judgment ; hold
・判事補	・assistant judge
・反証	・rebuttal evidence ; counterevidence
・犯情	・circumstances of the crime
・反則金	・traffic violation payment ; non-penal fine for traffic infraction
・反対尋問	・cross-examination
・判例	・judicial precedent ; court precedent
・判例違反	・violation of judicial precedent
・判例変更	・modification to judicial precedent
・犯歴	・criminal record (on previous conviction and arrest)
・被害者	・victim ; injured (aggrieved) party
・被害者還付	・restoration (return) to the victim
・被害者参加人	・victim participating in the criminal proceedings
・被害者参加弁護士	・counsel for the victim participating in the criminal proceedings
・被害者特定事項	・victim's identification information
・被害届	・incident report ; victim's report
・被疑者	・suspect
・非供述証拠	・non-testimonial evidence
・非行	・delinquency
・被告事件	・criminal case ; case under public prosecution ; case charged to the court
・被告人	・(criminal) defendant; the accused
・被告人の退廷	・the defendant departing from the court (room)
・被収容者	・(sentenced/unsentenced) inmate ; detainee
・非常上告	・extraordinary appeal to the court of the last resort; extraordinary *Jokoku* appeal

・左陪席裁判官	・associate judge seated on the left
・ピッキング用具	・picking tools
・筆跡	・handwriting
・必要的弁護事件	・offense requiring presence of defense counsel at trial
・必要的保釈	・mandatory bail
・ビデオリンク	・video link system
・秘匿決定	・ruling to keep the victim's identification information secret
・否認	・denial ; disaffirmance; traverse
・評議	・deliberation
・評決	・decision
・被略取者	・abductee ; kidnapped person
・不意打ち	・surprise
・附加［付加］刑	・additional supplementary punishment [penalty]
・不可抗力	・force majeure ; irresistible force ; act of providence
・不可罰的事後行為	・unpunishable act after the fact ; (committed acts subsequent to the initial offense, not punishable by law, e.g., destruction of stolen property after committing theft)
・不起訴処分	・decision not to prosecute
・副検事	・assistant prosecutor
・不告不理の原則	・principle of no adjudication without prosecution
・不作為犯	・omission (inaction) as a criminal offense
・婦人補導院	・women's guidance home
・不選任の決定	・ruling not to appoint a *Saiban-in* candidate as a *Saiban-in*
・物的証拠	・exhibit ; real evidence
・不定期刑	・indeterminate sentence

法律用語【は行】

・不適格事由	・grounds for disqualification as *Saiban-in*
・不同意	・do not consent
・不当逮捕	・malicious arrest
・不能犯	・impossible attempt to commit a crime
・不服申立て	・application for filing an objection; appeal
・部分判決	・partial judgment; judgment on a separate case
・不法在留	・illegal stay
・不法残留	・unlawful stay; overstay; stay beyond the permitted period
・不法入国	・illegal entry
・不法領得の意思	・animus furandi (intent to steal; intent to illegally obtain)
・不利益な事実の承認	・admission of the fact against his/her interest
・不利益変更の禁止	・prohibition on modifying a judgment to the defendant's disadvantage
・併科する	・to impose concurrent sentences; impose sentences cumulatively
・併合決定	・joinder ruling; ruling to consolidate proceedings
・併合罪	・consolidated punishment; joinder of separate offenses
・併合する	・to join; consolidate
・別件逮捕	・arrest for pretextual charge (arrest on an offence for the purpose of obtaining a confession to another offense)
・別の合議体による裁判所	・court consisting of another panel
・弁解録取書	・suspect's statement (explanation, comment)
・弁護士	・practicing attorney: attorney (at law); practicing lawyer, private lawyer; counsel
・弁護士会	・bar association

・弁護人	・defense counsel
・弁護人依頼権	・right to [retain] counsel ; privilege of counsel
・弁護人選任権	・right to [appoint] counsel
・変造	・alter (alteration) ; modify
・弁論	・oral argument ; oral proceedings (口頭弁論) ; closing argument (最終弁論)
・弁論再開	・resumption of oral proceedings ; reopening of proceedings
・弁論終結	・conclusion of oral argument (proceedings)
・弁論能力	・ability to participate in oral argument; competency to conduct oral arguments
・弁論分離	・separation of (oral) proceedings
・弁論併合	・joinder (consolidation) of (oral) proceedings
・弁論要旨	・summary (closing) argument by the defense counsel
・防衛の意思	・intent to act in self-defense
・包括一罪	・comprehensive (inclusive) single offense
・謀議	・conspiracy ; plot
・防御権	・right to (of) defense
・暴行	・assault ; battery
・傍受	・interception (of electronic communications) ; wiretapping
・幇助する	・to abet ; assist ; facilitate ; aid
・幇助犯	・abettor ; facilitator ; accessoryship
・法人	・juridical person ; corporation
・傍聴席	・observers' (visitors') seats in courtroom
・傍聴人	・observers ; audience ; visitors ; spectators
・法廷	・court ; courtroom

・法定刑	・punishment (penalty) prescribed in the law; statutory punishment (penalty)
・法廷警察権	・courtroom policing authority; power to maintain order in court
・法定代理人	・legal representative; statutory agent
・法定手続の保障	・guarantee of due process of law
・冒頭陳述	・opening statement
・法の不知	・ignorance of the law
・法の下の平等	・equality under the law
・方法の錯誤	・mistake of means; aberratio ictus; mistake in the blow
・法務局	・legal affairs bureau
・法務省	・Ministry of Justice
・法律	・law; statute; [法律名] Act; Code
・法律上の減軽	・statutory (mandatory) mitigation
・法律の錯誤	・mistake of law
・法律の適用	・application of the law
・法律審	・court in charge of reviewing the question of law
・暴力団	・organized crime group; a gang; the underworld
・法令	・laws and regulations
・法令適用の誤り	・error in applying the law or regulation
・保護観察	・probationary supervision; parole supervision; probation
・保護観察官	・probation officer
・保護観察所	・probation office
・保護司	・voluntary probation officer
・保護者	・custodian
・保護法益	・interests protected by the law
・保護命令	・protection order
・保佐監督人	・supervisor of curator

・補佐人	・assistant in court; non-attorney counsel for defendant
・保佐人	・curator
・保釈	・release on bail; bail
・保釈取消し	・revocation of bail
・保釈保証金	・bail money; bail bond
・補充員	・supplementary member of the committee for the inquest of prosecution
・補充裁判員	・supplementary *Saiban-in*
・補充書	・supplement
・補助監督人	・supervisor of assistant
・補助人	・assistant
・没取	・confiscation; forfeiture
・没収する	・to confiscate
・没収保全	・temporary restraining order for confiscation
・ポリグラフ検査	・polygraph test
・本籍	・registered domicile; registered locality

【ま 行】

・麻薬	・narcotics
・麻薬常習者	・narcotics addict
・マリファナ	・marijuana
・右陪席裁判官	・associate judge seated on the right
・未決勾留	・pre-sentencing detention; detention pending trial
・未遂	・attempt
・未成年者	・minor
・密売者	・illicit dealer
・密輸出	・smuggling
・密輸入	・smuggling

・未必の故意	・dolus eventualis; acknowledgement of the probability of the result; recklessness
・身分犯	・status crime; a crime whose constitution depends upon the offender's status
・無期懲役	・unlimited (life) imprisonment with work
・無罪	・not guilty; acquittal; innocent
・無罪の推定	・presumption of innocence
・無銭飲食	・ordering food and drink at a restaurant without intent to pay
・無断退去者	・leaving a designated medical institution for hospital treatment without permission
・無賃乗車	・using transportation system (train, bus, etc.) without a ticket
・無能力者	・person without legal capacity; incompetent person
・酩酊	・drunkenness; intoxication
・命令	・order; [裁判形式としての命令] direction
・免訴	・dismissal by reason of judicial bar; dismissal for external reasons)
・毛髪鑑定	・hair sample testing
・黙秘権	・right to remain silent

【や　行】

・薬物犯罪収益	・proceeds from drug crimes
・やむを得ずにした行為	・act from unavoidable necessity; act unavoidably performed
・誘引	・inducement
・有期懲役	・imprisonment with work for a definite term; limited term of imprisonment with work
・有罪	・conviction; guilt

・宥恕	・condonation
・誘導尋問	・leading question
・ゆすり	・extortion ; blackmail
・予見可能性	・foreseeability
・余罪	・the offense not charged ; uncharged offense ; unsentenced crime
・予断排除	・avoidance of prejudice ; (principle of) exclusion of bias
・予備	・preparation (for a crime)
・呼出状	・writ of summons
・呼び出す	・summon
・予備的訴因	・supplementary count ; conjunctive count

【ら 行】

・立証趣旨	・purport of proof
・立証する	・to prove
・立証責任	・burden of proof
・略式手続	・summary proceedings [process]
・略式命令	・summary order
・略取	・kidnapping (by force) ; abduction
・留置施設	・detention facility
・理由のくいちがい	・contradiction of grounds ; inconsistent reasons
・理由の不備	・insufficient grounds ; absence of grounds
・理由を示さない不選任の請求	・request for a ruling not to appoint a *Saiban-in* candidate as a *Saiban-in* without stating reasons
・量刑	・sentencing
・量刑不当	・improper punishment [sentence]
・領事	・consul ; consular officer
・領事館	・consulate

・領収書	・receipt
・領置	・retention; receiving of exhibits; keeping of exhibits in custody
・領置調書	・retention record; receipt [record] for exhibits
・両罰規定	・concurrent penalties clause (of a person and a corporation); dual liability
・旅券（パスポート）	・passport
・輪姦	・rape of a woman by more than one person
・臨検	・(spot) inspection; visit
・臨床尋問	・clinical examination
・類推解釈	・use of analogies in interpretation (construction)
・累犯	・repeated convictions; recidivism
・令状	・warrant; writ
・連行する	・to bring in for questioning; take to a police station
・労役場留置	・detention in workhouse in lieu of payment of fine
・録音	・audio (sound) recording
・録取（する）	・record; take down in writing
・論告	・closing statement of prosecutor; closing argument
・論告要旨	・summary of the [prosecutor's] closing argument

【わ 行】

・わいせつ	・obscenity; indecency; lewd conduct
・わいろ	・bribe
・和解	・settlement

第2章　法令名

【あ　行】

- あへん法 — Opium Control Act
- 医師法 — Medical Practitioners Act
- 意匠法 — Design Act
- 印紙等模造取締法 — Act on Control of Imitation of Stamps, etc.
- 印紙犯罪処罰法 — Act on Punishment of Crimes Related to Stamps
- インターネット異性紹介事業を利用して児童を誘引する行為の規制等に関する法律 — Act on Regulation on Soliciting Children by Using Opposite Sex Introducing Service on Internet
- 恩赦法 — Pardon Act

【か　行】

- 外国ニ於テ流通スル貨幣紙幣銀行券証券偽造変造及模造ニ関スル法律（外貨偽造法） — Act on Counterfeit, Alteration and Imitation of Coins, Money Bills, Banknotes and Securities Circulating in Foreign States (Foreign Currency Counterfeiting Act)
- 外国為替及び外国貿易法（外為法） — Foreign Exchange and Foreign Trade Act
- 外国裁判所ノ嘱託ニ因ル共助法 — Act on Judicial Assistance upon Commission from Foreign Courts
- 外国人漁業の規制に関する法律 — Law on Regulation of Fishing Operation by Foreign Nationals
- 外国人登録法 — Alien Registration Act
- 海洋汚染等及び海上災害の防止に関する法律 — Act on Prevention of Marine Pollution and Maritime Disaster
- 海上交通安全法 — Maritime Traffic Safety Act
- 海上衝突予防法 — Act on Preventing Collision at Sea

・火炎びんの使用等の処罰に関する法律	・Act on Punishment of Use and Others of Molotov Cocktails
・覚せい剤取締法	・Stimulants Control Act
・貸金業法	・Money Lending Business Act
・火薬類取締法（火取法）	・Explosives Control Act
・関税定率法	・Customs Tariff Act
・関税法	・Customs Act
・漁業法	・Fishery Act
・漁船法	・Fishing Boat Act
・銀行法	・Banking Act
・金融商品取引法	・Financial Instruments and Exchange Act
・警察官職務執行法（警職法）	・Police Official Duties Execution Act
・警察法	・Police Act
・刑事確定訴訟記録法	・Act on Final Criminal Case Records
・刑事収容施設及び被収容者等の処遇に関する法律	・Act on Penal Detention Facilities and Treatment of Inmates and Detainees
・刑事訴訟規則（刑訴規則）	・Rules of Criminal Procedure
・刑事訴訟費用等に関する法律	・Act on Costs of Criminal Procedure
・刑事訴訟法（刑訴法）	・Code of Criminal Procedure
・刑事補償法	・Criminal Compensation Act (law for the compensation of the convicted subsequently found to be innocent)
・競馬法	・Horse Racing Act
・軽犯罪法	・Minor Offenses Act
・刑法	・Penal Code
・検察審査会法	・Act on Committee for Inquest of Prosecution
・検察庁法	・Public Prosecutor's Office Act
・航空機の強取等の処罰に関する法律	・Act on Punishment of Unlawful Seizure of Aircraft

- 航空の危険を生じさせる行為等の処罰に関する法律
- Act on Punishment of Acts to Endanger Aviation
- 更生保護事業法
- Offenders Rehabilitation Services Act
- 更生保護法
- Offenders Rehabilitation Act
- 国際受刑者移送法
- Act on the Transnational Transfer of Sentenced Persons
- 国際人権規約
- International Covenant on Economic, Social and Cultural Rights (A規約)/ International Covenant on Civil and Political Rights (B規約)
- 国際捜査共助等に関する法律
- Act on International Assistance in Investigations and Other Related Matters
- 国際的な協力の下に規制薬物に係る不正行為を助長する行為等の防止を図るための麻薬及び向精神薬取締法等の特例等に関する法律（麻薬特例法）
- Act Concerning Special Provisions for the Narcotics and Psychotropics Control Act, etc. and Other Matters for the Prevention of Activities Encouraging Illicit Conduct and Other Activities Involving Controlled Substances through International Cooperation (Act Concerning Special Provisions on Narcotics)
- 国籍法
- Nationality Act
- 戸籍法
- Family Registration Act

【さ　行】

- 裁判員の参加する刑事裁判に関する法律
- Act on Criminal Trials Examined under Lay Judge System (Act on Participation of *Saiban-ins* in Criminal Trials)
- 裁判員の参加する刑事裁判に関する規則
- Rules of Criminal Trials Examined under Lay Judge System (Rules of Participation of *Saiban-ins* in Criminal Trials)
- 裁判所法
- Court Act
- 酒に酔って公衆に迷惑をかける行為の防止等に関する法律
- Act on Prevention of Public Nuisance Caused by Inebriated Persons

・自転車競技法	・Bicycle Racing Act
・自動車損害賠償保障法	・Automobile Liability Security Act
・自動車の保管場所の確保等に関する法律	・Act on Assurance of Car Parking Spaces and Other Matters
・児童福祉法	・Child Welfare Act
・児童買春，児童ポルノに係る行為等の処罰及び児童の保護等に関する法律	・Act on Punishment of Activities Relating to Child Prostitution and Child Pornography, and the Protection of Children
・銃砲刀剣類所持等取締法（銃刀法）	・Act for Controlling the Possession of Firearms or Swords and Other Such Weapons (Firearms and Swords Control Act)
・出資の受入れ，預り金及び金利等の取締りに関する法律	・Act Regulating the Receipt of Contributions, Receipt of Deposits and Interest Rates
・出入国管理及び難民認定法	・Immigration Control and Refugee Recognition Act
・少年法	・Juvenile Act
・商標法	・Trademark Act
・商法	・Commercial Code
・職業安定法	・Employment Security Act
・所得税法	・Income Tax Act
・心神喪失等の状態で重大な他害行為を行った者の医療及び観察等に関する法律（心神喪失者等医療観察法）	・Act on Medical Care and Treatment for Persons Who Have Caused Serious Cases Under the Condition of Insanity (Act on Medical Care and Treatment for Insanity)
・人身保護法	・Act on Protection of Personal Liberty
・森林法	・Forest Act
・ストーカー行為等の規制等に関する法律	・Anti-Stalking Act
・精神保健及び精神障害者福祉に関する法律（精神保健法）	・Act on Mental Health and Welfare for the Mentally Disabled (Mental Health Act)

- 船員法 — Mariners Act
- 船舶安全法 — Ship Safety Act
- 船舶職員及び小型船舶操縦者法 — Act on Ships' Officers and Boats' Operators
- 船舶法 — Ship Safety Act
- 組織的な犯罪の処罰及び犯罪収益の規制等に関する法律 — Act on Punishment of Organized Crimes and Control of Crime Proceeds

【た 行】

- 大麻取締法 — Cannabis Control Act
- 著作権法 — Copyright Act
- 通貨及証券模造取締法 — Act on Control of Imitation of Currency and Securities
- 鉄道営業法 — Railway Business Act
- 電気通信事業法 — Telecommunications Business Act
- 電波法 — Radio Act
- 盗犯等ノ防止及処分ニ関スル法律 — Act on Prevention and Punishment of Robbery and Theft Act
- 逃亡犯罪人引渡法 — Act on Extradition
- 道路運送車両法 — Road Transport Vehicle Act
- 道路交通法（道交法） — Road Traffic Act
- 特殊開錠用具の所持の禁止等に関する法律 — Act on Prohibition of Possession of Special Picking Tools, and Other Related Matters
- 特定商取引に関する法律 — Act on Specified Commercial Transactions
- 毒物及び劇物取締法（毒劇法） — Poisonous and Deleterious Substances Control Act
- 都道府県条例 — Prefectural Ordinances

【な 行】

- 成田国際空港の安全確保に関する緊急措置法
- Act on Emergency Measures concerning Security Control of Narita International Airport

- 日本国憲法（憲法）
- Constitution of Japan

- 日本国とアメリカ合衆国との間の相互協力及び安全保障条約第6条に基づく施設及び区域並びに日本国における合衆国軍隊の地位に関する協定の実施に伴う刑事特別法（刑特法）
- Special Criminal Act Attendant upon the Enforcement of the "Agreement under Article VI of the Treaty of Mutual Cooperation and Security between Japan and the United States of America regarding Facilities and Areas and the Status of United States Armed Forces in Japan"

【は 行】

- 廃棄物その他の物の投棄による海洋汚染の防止に関する条約
- Convention on the Prevention of Marine Pollution by Dumping of Wastes and Other Matter

- 廃棄物の処理及び清掃に関する法律（廃棄物処理法）
- Waste Management and Public Cleansing Act

- 配偶者からの暴力の防止及び被害者の保護に関する法律
- Act on the Prevention of Spousal Violence and the Protection of Victims

- 売春防止法
- Anti-Prostitution Act

- 破壊活動防止法（破防法）
- Subversive Activities Prevention Act

- 爆発物取締罰則
- Penal Provisions for Explosives Control

- 罰金等臨時措置法
- Act on Temporary Measures Concerning Fines and Others

- 犯罪収益に係る保全手続等に関する規則
- Rules on Procedure for Temporary Restraining Orders, etc. Concerning Criminal Proceeds

- 犯罪捜査のための通信傍受に関する法律
- Act on Wiretapping for Criminal Investigation

- 犯罪被害財産等による被害回復給付金の支給に関する法律
- Act on Recovery Payment to be Paid from Assets Generated from Crime

・犯罪被害者等の権利利益の保護を図るための刑事手続に付随する措置に関する法律（犯罪被害者等保護法）	・Act on Measures Incidental to Criminal Procedures for Purpose of Protection of Rights and Interests of Crime Victims (Crime Victims Protection Act)
・被疑者補償規程	・Regulations for Compensation of Suspects
・人の健康に係る公害犯罪の処罰に関する法律（公害罪法）	・Act on Punishment of Crime to Cause Pollution Harmful for Human Health (Pollution-Related Crime Act)
・風俗営業等の規制及び業務の適正化等に関する法律（風営法）	・Act on Control and Improvement of Amusement Business, etc.
・武器等製造法	・Ordnance Manufacturing Act
・不正競争防止法	・Unfair Competition Prevention Act
・法廷等の秩序維持に関する法律	・Act on Maintenance of Order in Courtrooms, etc.
・暴力行為等処罰ニ関スル法律	・Act on Punishment of Physical Violence and Others

【ま　行】

・麻薬及び向精神薬取締法（麻取法）	・Narcotics and Psychotropic Control Act
・民事訴訟法	・Code of Civil Procedure
・民法	・Civil Code
・モーターボート競走法	・Motorboat Racing Act

【や　行】

・薬物犯罪等に係る保全手続等に関する規則	・Rules on Procedure for Temporary Restraining Orders Concerning Drug Crimes, etc.
・有線電気通信法	・Wire Telecommunications Act
・郵便切手類模造等取締法	・Act on Control of Imitation, etc. of Postal Stamps, etc.

- 郵便法 　　　　　　　　　　・Postal Act

【ら 行】

- 領海及び接続水域に関する法律 ・Act on Territorial Waters and Contiguous Water Area
- 領事関係に関するウィーン条約 ・The Vienna Convention on Consular Relations
- 旅券法 ・Passport Act
- 労働基準法 ・Labor Standards Act

第3章　罪名

【あ　行】

・あへん煙吸食器具輸入（製造，販売，所持）罪	・import (manufacture, sale, possession) of opium smoking paraphernalia
・あへん煙吸食罪	・smoking opium
・あへん煙吸食場所提供罪	・providing places for opium smoking
・あへん煙等所持罪	・possession of opium for smoking
・あへん煙輸入（製造，販売，所持）罪	・importation (manufacture, sale, possession) of opium for smoking
・あへん法違反（所持，譲渡，譲受，使用，輸入）	・violation of the Opium Act (possession, transfer, reception, use, import)
・遺棄罪	・abandonment
・遺棄等致死傷罪	・abandonment, etc. causing death or injury
・遺失物等横領罪	・embezzlement of lost property
・威力業務妨害罪	・forcible obstruction of business
・営利目的等被略取者収受罪	・accepting custody of a kidnapped person for profit
・営利目的等略取（誘拐）罪	・kidnapping for profit
・延焼罪	・aiding the spread of fire
・往来危険罪	・endangering traffic
・往来危険による艦船転覆（沈没，破壊）罪	・endangering traffic by capsizing (sinking, destroying) vessels
・往来危険による汽車転覆（破壊）罪	・endangering traffic by overturning (destroying) trains
・往来妨害罪	・obstructing traffic
・往来妨害致死傷罪	・causing death or injury by obstructing traffic
・横領罪	・embezzlement

【か 行】

・外国国章損壊（除去，汚損）罪	・damaging (removing, defiling) foreign national flags
・外国人登録法違反（登録不申請）	・violation of the Alien Registration Act (failing to register)
・外国通貨偽造罪	・counterfeiting foreign currency
・覚せい剤取締法違反（所持，譲渡，譲受，使用，輸入）	・violation of the Stimulants Control Act (possession, transfer, reception, use, import)
・過失往来危険罪	・endangering traffic through negligence
・過失激発物破裂罪	・detonating explosives through negligence
・過失建造物等浸害罪	・causing a flood through negligence to damage a building, etc.
・過失傷害罪	・causing injury through negligence
・過失致死罪	・causing death through negligence
・加重逃走罪	・aggravated escape
・ガス漏出罪	・causing leakage of gas
・ガス漏出等致死傷罪	・causing death or injury by leakage of gas, etc.
・監禁罪	・unlawful confinement
・監禁致死傷罪	・unlawful confinement causing death or injury
・艦船往来危険罪	・endangering traffic of vessels
・偽計業務妨害罪	・obstructing business by fraudulent means
・危険運転致死傷罪	・dangerous driving causing death or injury
・汽車転覆罪	・overturning of trains
・汽車転覆等致死罪	・overturning of trains causing death or injury
・偽証罪	・perjury

罪名【か行】

・偽造外国通貨行使罪	・uttering counterfeit foreign currency
・偽造公文書行使罪	・uttering counterfeit official documents
・偽造私文書行使罪	・uttering counterfeit private documents
・偽造通貨行使罪	・uttering counterfeit currency
・偽造通貨等収得罪	・acquisition of counterfeit currency, etc.
・偽造有価証券行使罪	・uttering counterfeit securities
・器物損壊罪	・damage to property
・境界損壊罪	・damaging of boundaries
・恐喝罪	・extortion
・凶器準備集合（結集）罪	・unlawful assembly with weapons
・強制執行妨害罪	・obstruction of compulsory execution
・強制わいせつ罪	・forcible indecency
・強制わいせつ致死傷罪	・forcible indecency causing death or injury
・競売等妨害罪	・obstructing auctions
・脅迫罪	・intimidation
・業務上横領罪	・embezzlement in the pursuit of social activities
・業務上過失往来危険罪	・endangering traffic through negligence in the course of professional conduct
・業務上過失激発物破裂罪	・detonating explosives through negligence in the pursuit of social activities
・業務上過失致死傷罪	・causing death or injury through negligence in the pursuit of social activities
・業務上失火罪	・causing fire through negligence in the pursuit of social activities
・強要罪	・compulsion
・虚偽鑑定罪	・false expert opinion
・虚偽告訴罪	・false complaint
・虚偽診断書作成罪	・falsifying medical certificates

・激発物破裂罪	・detonating explosives
・現住建造物等放火罪	・arson of inhabited buildings
・建造物侵入罪	・breaking into buildings
・建造物損壊罪	・causing damage to buildings
・建造物損壊致死傷罪	・causing death or injury by damaging buildings
・建造物等以外放火罪	・setting fire to objects other than structures
・公印偽造罪	・counterfeiting official seals
・公印不正使用罪	・unauthorized use of official seals
・強姦罪	・rape
・強姦致死傷罪	・rape causing death or injury
・公記号偽造罪	・counterfeiting official marks
・公記号不正使用罪	・unauthorized use of official marks
・公正証書原本等不実記載罪	・false entry in the original notarial deeds
・公然わいせつ罪	・public indecency
・強盗強姦罪	・rape at the scene of a robbery
・強盗強姦致死罪	・rape at the scene of a robbery causing death
・強盗罪	・robbery
・強盗致死傷罪	・robbery causing death or injury
・強盗予備罪	・preparation for robbery
・公務員職権濫用罪	・abuse of authority by public officers
・公務執行妨害罪	・obstructing performance of official duty
・公用文書毀棄罪	・damaging of documents for government use
・昏酔強盗罪	・robbery by causing unconsciousness

【さ 行】

・裁判員の参加する刑事裁判に関する法律違反	・Violation of the Act on Criminal Trials Examined under Lay Judge System (Act on Participation of *Saiban-ins* in Criminal Trials)
（裁判員等に対する請託（情報提供）罪）	(making a request or providing information to *Saiban-ins*, etc.)
（裁判員等に対する威迫罪）	(intimidation of *Saiban-ins*, etc.)
（裁判員等による秘密漏示罪）	(unlawful disclosure of confidential information by *Saiban-ins*, etc.)
（裁判員の氏名等漏示罪）	(unlawful disclosure of the names, etc. of *Saiban-ins*, etc.)
（裁判員候補者による虚偽記載（陳述）罪）	(false statement by *Saiban-in* candidates)
・詐欺罪	・fraud
・殺人罪	・homicide
・殺人予備罪	・preparation for homicide
・私印偽造罪	・counterfeiting private seals
・私印不正使用罪	・unauthorized use of private seals
・事後強盗罪	・constructive robbery
・自殺関与罪	・instigation or assistance in suicide
・死体遺棄罪	・abandonment of corpses
・死体損壊罪	・damage to corpses
・失火罪	・causing a fire by negligence
・自動車運転過失致死傷罪	・negligent driving causing death or injury
・支払用カード電磁的記録不正作出罪	・unauthorized creation of electro-magnetic records of payment cards
・重過失致死傷罪	・gross negligence causing death or injury
・住居侵入罪	・breaking into a residence

・集団強姦罪	・gang rape
・収得後知情行使（交付）罪	・uttering of counterfeit currency with knowledge after acquisition
・銃砲刀剣類所持等取締法違反	・violation of the Act for Controlling the Possession of Firearms or Swords and Other Such Weapons (Firearms and Swords Control Act)
（けん銃実包譲渡）	(transferring handgun ammunition)
（けん銃実包所持）	(possessing handgun ammunition)
（けん銃実包として輸入）	(importing an object as handgun ammunition)
（けん銃実包輸入）	(importing handgun ammunition)
（けん銃等加重所持）	(aggravated possession of a handgun, etc.)
（けん銃等譲渡）	(transferring a handgun, etc.)
（けん銃等所持）	(possessing a handgun, etc.)
（けん銃等として輸入）	(Importing an object as a handgun, etc.)
（けん銃等発射）	(Discharging of a handgun, etc.)
（けん銃等輸入）	(importing a handgun, etc.)
（けん銃部品として輸入）	(importing an object as a component of a handgun, etc.)
・出入国管理及び難民認定法違反	・violation of the Immigration Control and Refugee Recognition Act
（営利目的等不法入国等援助）	(assisting illegal entry for profit)
（寄港地上陸許可等の期間の経過）	(exceeding the period of stay authorized by permission for landing in transit)
（収受等の予備）	(preparation for receiving, etc. a person who entered Japan illegally)
（集団密航者の収受等）	(receiving, etc. collective stowaways)
（集団密航者を本邦に入らせ、又は上陸させる罪）	(having collective stowaways enter into Japan or land in Japan)

（集団密航者を本邦に向けて輸送し,又は本邦内において上陸の場所に向けて輸送する罪）	(transporting collective stowaways destined for Japan or transporting them to a place of landing in the territory of Japan)
（船舶等の準備及び提供）	(preparing and providing vessels, etc.)
（不法在留）	(illegal stay)
（不法残留）	(overstay)
（不法就労助長）	(causing illegal employment of a foreigner)
（不法上陸）	(illegal landing)
（不法入国）	(illegal entry)
（不法入国者等蔵匿隠避）	(harboring a person who illegally entered Japan or enabling him/her to escape)
（旅券不携帯）	(not carrying a passport)
・準強制わいせつ罪	・quasi forcible indecency
・準強姦罪	・quasi rape
・準詐欺罪	・quasi fraud
・傷害罪	・(bodily) injury
・傷害致死罪	・injury causing death
・消火妨害罪	・obstructing fire fighting
・証拠隠滅罪	・spoliation of evidence
・常習賭博罪	・habitual gambling
・常習累犯窃盗罪	・habitual theft with previous convictions
・承諾殺人罪	・homicide with consent of the victim
・証人等威迫罪	・intimidation of a witness, etc.
・私用文書毀棄罪	・damaging of documents for private use
・嘱託殺人罪	・homicide committed at one's request
・職務強要罪	・compelling performance of public duty
・所在国外移送目的略取罪	・kidnapping for transportation out of a country

・信書隠匿罪	・Concealment of correspondence
・信書開封罪	・unlawful opening of correspondence
・人身売買罪	・buying or selling of human beings
・信用毀損罪	・damage to credit
・窃盗罪	・theft; larceny
・騒乱罪	・disturbance
・贈賄罪	・offering a bribe

【た 行】

・逮捕罪	・unlawful arrest
・逮捕致死傷罪	・unlawful arrest causing death or injury
・大麻取締法違反（所持，譲渡，譲受，使用，輸入）	・violation of the Cannabis Control Act (possession, transfer, reception, use, import)
・多衆不解散罪	・failure to disperse
・談合罪	・bid-rigging (in governmental auction or tender); collusion
・通貨偽造罪	・counterfeiting currency
・通貨偽造等準備罪	・preparation of implements for counterfeiting currency
・電子計算機使用詐欺罪	・computer fraud
・電子計算機損壊等業務妨害罪	・obstructing business by damaging a computer
・電磁的記録不正作出罪	・unauthorized creation of electro-magnetic records
・電磁的公正証書原本不実記録罪	・false entry in the original of electromagnetic notarial deeds
・逃走援助罪	・assisting in escape
・逃走罪	・escape (from custody)
・盗品運搬（保管，有償譲受け，有償処分あっせん）罪	・transporting stolen property (storage, purchase and brokering)

・盗品無償譲受け罪	・accepting stolen property without compensation
・動物傷害罪	・harming or killing others' animal(s)
・特別公務員職権濫用罪	・abuse of authority by special public officers
・特別公務員職権濫用等致死傷罪	・abuse of authority causing death or injury by special public officers
・特別公務員暴行陵虐罪	・assault and cruelty by special public officers
・賭博罪	・gambling
・賭博場開帳等図利罪	・running a gambling place for the purpose of gain
・富くじ発売罪	・unauthorized sale of lottery tickets

【は 行】

・売春防止法違反（勧誘，客待ち）	・violation of the Anti-Prostitution Act (soliciting, loitering for hire)
・背任罪	・breach of trust
・犯人隠避罪	・enabling a criminal to escape
・犯人蔵匿罪	・harboring a criminal
・非現住建造物等放火罪	・arson of uninhabited buildings
・被拘禁者奪取罪	・taking away a detained person
・秘密漏示罪	・unlawful disclosure of confidential information
・被略取者引渡し（収受，輸送，蔵匿，隠避）罪	・delivering (receiving, transporting, hiding, enabling to escape) a kidnapped person
・封印等破棄罪	・destruction of official seals, etc.
・不実記録電磁的公正証書原本供用罪	・putting into use the original of electromagnetic notarial deeds containing false records
・侮辱罪	・insult ; slander

・不正作出電磁的記録供用罪	・putting into use electromagnetic records created without authorization
・不正電磁的記録カード所持罪	・possession of payment cards with unauthorized electromagnetic records
・不退去罪	・refusal to leave after eviction
・不動産侵奪罪	・taking unlawful possession of real estate
・放火予備罪	・preparation of arson
・暴行罪	・assault
・保護責任者遺棄罪	・abandonment by a person responsible for protection
・保護責任者遺棄致死傷罪	・abandonment causing death or injury by a person responsible for protection

【ま 行】

・未成年者略取（誘拐）罪	・kidnapping of a minor
・身の代金目的被略取者収受罪	・accepting custody of a kidnapped person for ransom
・身の代金目的略取罪	・kidnapping for ransom
・身の代金目的略取等予備罪	・preparation for kidnapping for ransom, etc.
・身の代金要求罪	・demanding ransom
・無印公文書偽造罪	・counterfeiting of an official document without seal
・無印私文書偽造罪	・counterfeiting of a private document without seal
・名誉毀損罪	・defamation

【や 行】

・有印公文書偽造罪	・counterfeiting of an official document with seal
・有印私文書偽造罪	・counterfeiting of a private document with seal

・有価証券偽造罪 ・counterfeiting securities

【わ　行】

・わいせつ物所持罪 ・possession of obscene objects
・わいせつ物頒布(販売, 公然陳列)罪 ・distribution (sale, public display) of obscene objects

資料

証拠等関係カードの略語表（19ページ参照）

1，2…	第1回公判，第2回公判……〔「期日」欄のみ〕	捜 押	捜索差押調書
準	準備手続	任	任意提出書
準1，準2…	第1回準備手続，第2回準備手続…	領	領置調書
※1，※2…	証拠等関係カード（続）「※」欄の番号1，2…の記載に続く	仮 還	仮還付請書
決 定	証拠調べをする旨の決定	還	還付請書
済	取調べ済み	害	被害届，被害てん末書，被害始末書，被害上申書
裁	裁判官に対する供述調書	追 害	追加被害届，追加被害てん末書，追加被害始末書，追加被害上申書
検	検察官に対する供述調書	答	答申書
検 取	検察官事務取扱検察事務官に対する供述調書	質	質てん末書，質取始末書，質受始末書，質取上申書，質上申書
事	検察事務官に対する供述調書	買	買受始末書，買受上申書
員	司法警察員に対する供述調書	始 末	始末書
巡	司法巡査に対する供述調書	害 確	被害品確認書，被害確認書
麻	麻薬取締官に対する供述調書	放 棄	所有権放棄書
大	大蔵事務官に対する質問てん末書	返 還	協議返還書
財	財務事務官に対する質問てん末書	上	上申書
郵	郵政監察官に対する供述調書	報	捜査報告書，捜査状況報告書，捜査復命書
海	海上保安官に対する供述調書	発 見	遺留品発見報告書，置去品発見報告書
弁 録	弁解録取書	現 認	犯罪事実現認報告書
逆 送	家庭裁判所の検察官に対する送致決定書	写 報	写真撮影報告書，現場写真撮影報告書
告 訴	告訴状	交 原	交通事件原票
告 調	告訴調書	交原(報)	交通事件原票中の捜査報告書部分
告 発	告発状，告発書	交原(供)	交通事件原票中の供述書部分
自 首	自首調書	検 調	検証調書
通 逮	通常逮捕手続書	実	実況見分調書
緊 逮	緊急逮捕手続書	捜 照	捜査関係事項照会回答書，捜査関係事項照会書，捜査関係事項回答書
現 逮	現行犯人逮捕手続書	免 照	運転免許等の有無に関する照会結果書，運転免許等の有無に関する照会回答書，運転免許調査結果報告書
捜	捜索調書	速 力	速度違反認知カード
押	差押調書	選 権	選挙権の有無に関する照会回答書

診	診断書	嘆	嘆願書
治照	交通事故受傷者の病状照会について，交通事故負傷者の治療状況照会，診療状況照会回答書，治療状況照会回答書	(謄)	謄本
検視	検視調書	(抄)	抄本
死	死亡診断書，死体検案書	(検)	検察官
酒カ	酒酔い酒気帯び鑑識カード	(検取)	検察官事務取扱検察事務官
鑑嘱	鑑定嘱託書	(事)	検察事務官
鑑	鑑定書	(員)	司法警察員
電話	電話聴取書，電話報告書	(巡)	司法巡査
身	身上照会回答書，身上調査照会回答書，身上調査票，身上調査回答	(大)	大蔵事務官
戸	戸籍謄本，戸籍抄本，戸籍（全部・一部・個人）事項証明書	(財)	財務事務官
戸附	戸籍の附票の写し	(被)	被告人
登記	不動産登記簿謄本，不動産登記簿抄本，登記（全部・一部）事項証明書		
商登記	商業登記簿謄本，商業登記簿抄本，登記（全部・一部）事項証明書		
指	指紋照会回答票，指紋照会書回答票，指紋照会書通知書，指紋照会書回答，指紋照会回答書		
現指	現場指紋による被疑者確認回答書，現場指紋等確認報告書		
氏照	氏名照会回答書，氏名照会票，氏名照会記録書		
前科	前科調書，前科照会（回答）書，前科照会書回答		
前歴	前歴照会（回答）書		
犯歴	犯罪経歴回答書，犯罪経歴電話照会回答書		
外調	外国人登録（出入国）記録調査書		
判	判決書謄本，判決書抄本，調書判決謄本，調書判決抄本		
決	決定書謄本，決定書抄本		
略	略式命令謄本，略式命令抄本		
示	示談書，和解書		
受	受領書，受領証，領収書，領収証，受取書，受取証		
現受	現金書留受領証，現金書留引受証		
振受	振込金兼手数料受領書，振込金受領書		
寄附	贖罪寄附を受けたことの証明		

第一審手続概要

起訴

公判準備
- 起訴状謄本の送達
- 弁護人選任照会（通訳言語照会）
  ↓（通訳人予定者への打診）
- 起訴状概要の翻訳・送付
- 国選弁護人の選任

> 公判前整理手続（非公開）は，裁判員裁判対象事件では必ず行われるが，それ以外の通常の事件でも行われる場合がある。

公判前整理手続
- 証明予定事実記載書面の提出（検察官）
- 証拠調べの請求
  ↓
- 証明予定事実等の明示（弁護人，被告人）
- 証拠調べの請求に関する意見
- 証拠調べの請求
  ↓
- 争点及び証拠の整理（証拠決定等）
- 審理計画の策定

裁判員等選任手続 — 裁判員裁判対象事件のみ（非公開）

公判手続

冒頭手続
- （公判前整理手続において通訳人が選任されていない場合）
  通訳人の人定尋問と宣誓
  ↓
- 被告人の人定質問
  ↓
- 検察官の起訴状朗読
  ↓
- 被告人に対する黙秘権等の告知
  ↓
- 被告人及び弁護人による被告事件に対する陳述

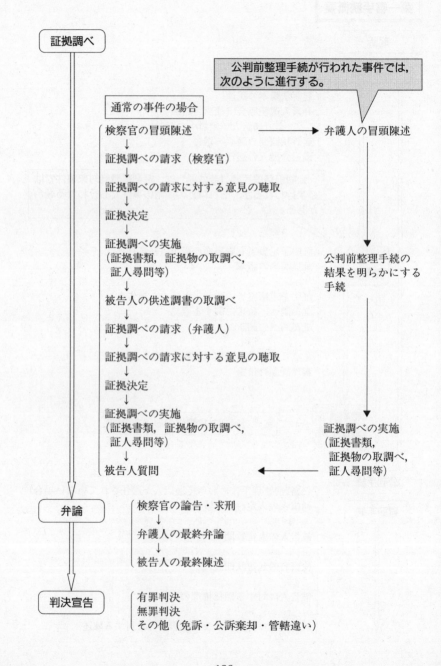

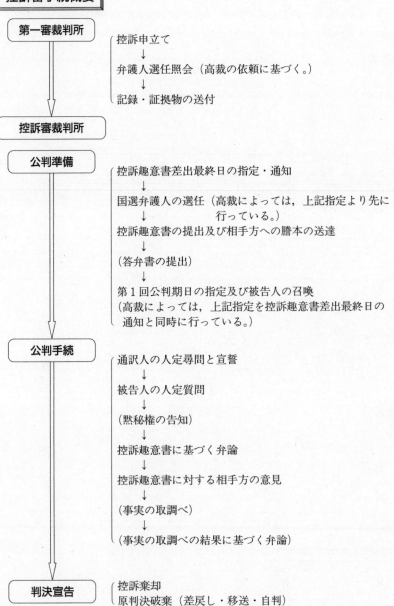